異説・逸話の天皇列伝

成務・仁徳から大正・昭和まで

原田実
歴史研究家
Harada Minoru

さくら舎

はじめに

2019年（平成31年・令和元年）、今上《きんじょう》陛下が現上皇の生前退位を受けて即位されたことにより、日本の歴代天皇は126代を数えることになった。

今年（2023年）は初代・神武《じんむ》天皇の即位を元年とする皇紀で2683年にあたる。とはいえ、これらの数字は実際には水増しされたものである。

皇室に関する事務や情報管理を司《つかさど》る行政機関は宮内庁である。その宮内庁が公表している天皇系図には、実在が疑わしい神話・伝説上の上代《じょうだい》天皇や、実在は確かだとしても実際には天皇として即位したかが疑わしい皇族も含まれている。

また、上代の天皇に関する年代が人為的に捏造《ねつぞう》されたものであることもすでに判明している（本書第1章）。

そもそもが「天皇」という称号や「日本」という国号自体、確実な用例は西暦7世紀後半より前には遡《さかのぼ》ることができないものである（本書第2章）。

しかし、王朝が目まぐるしく交代する他の東アジア諸国や中東・西欧などの歴史と比較する場合、実在がほぼ確かな君主から数えて１４００年以上もの間、同じ王朝が継続しているという事実は、日本の特異性を示すものとみなしてよいだろう。その間にはいくどかの皇統分裂や、皇統断絶寸前の事態があったが、結果としてそれらの危機は乗り越えられてきた。

そうした危機とその克服の積み重ねが、皇室の歴史という物語を形成してきたわけである。そして、大筋としての歴史の周辺には、さまざまな逸話や異説・伝説もちりばめられてきた。

天皇に関する逸話・異説・伝説には、それを書き残した者の意図や、その記述が必要とされた時代背景が反映している。それらを読み解くことで、私たちはその記述当時における天皇のイメージに迫ることができるだろう。

本書は、天皇をめぐる逸話や、一見荒唐無稽《こうとうむけい》な異説・伝説をとりあげることで、皇室の歴史を浮き彫りにしていこうというものである。

なお、現代における異説・伝説といえば、いわゆるフェイクニュース（虚偽《きょぎ》報道）や陰謀論（ある社会情勢が常識や通説とは把握されない陰謀で動いていたという考え方）は避けて通れない。本書は古代からの通史ではあるが、そうした現代の問題を考えるうえでも参考にしていただいたなら幸いである。

原田実《はらだみのる》

目次◎異説・逸話の天皇列伝——成務・仁徳から大正・昭和まで

第2章　天皇の誕生――「倭王」から「天皇」へ

第3章　正史に描かれた天皇――正史はウソもつく

第4章　和歌の守護者——政治から文化へ

第5章　乱世を生き抜く天皇

第6章　権威者として生きる天皇

第7章　変貌する天皇

異説・逸話の天皇列伝

——成務・仁徳から大正・昭和まで

第1章　天皇前史

天皇の歴史

▼神話から人へ

神武が九州を約180万年統治したと伝える『日本書紀』

「天皇」はいつから現れたのか。日本の「正史」筆頭である『日本書紀《にほんしょき》』は最初の天皇として「神日本磐余彦天皇《かむやまといわれびこのすめらみこと》」の名を記す（『古事記《こじき》』での表記は「神倭伊波礼毘古命《かむやまといわれびこのみこと》」）。記紀（『古事記』と『日本書紀』）成立後にこの天皇に与えられた漢風諡号《しごう》は「神武《じんむ》」である。本書では基本、歴代天皇の呼称として、漢風諡号がある場合はそれにしたがうものとする。

記紀に基づく限り、初代「天皇」が神武であることは疑いようがない。『日本書紀』の記事に年次日付が明記されるようになるのも神武登場からである。しかし、記紀には神武の祖先に関する長大な記事も残されている。いわゆる「神代《じんだい》」である。

記紀の神代伝承は天地開闢《かいびゃく》に始まる高天原《たかまのはら》の神々（天《あま》つ神）の事蹟《じせき》、地上の神々（国《くに》つ神）に対する「葦原中国《あしはらのなかつくに》」統治権譲渡交渉（国つ神からすれば侵略）、地上に降りた天祖ニニギとその子ホホデミに関する物語、ホホデミの子で神武の父にあたるウガヤフキアエズの誕生と結婚から構成されている。

神代伝承は明らかに歴史ではなく神話なのだが、記紀ではその神話を歴史と接合するために無理やり年代を与えている。

たとえば『古事記』ではホホデミの在世を「五百八十年」とする。また、『日本書紀』では即位前の神武が、天祖（ニニギ）降臨以来、「一百七十九万二千四百七十余歳」もの間、西偏《せいへん》（九州）にとどまっていたが新たに都をつくる地を求めて東に行こうと演説する場面がある。

神武がこの演説とともに出発したのは甲寅年《こういん》（前６６７）で、苦難の末に近畿地方に入り、橿《かし》原宮《はらのみや》（現奈良県橿原市）で即位したのは辛酉年《しんゆう》（前６６０）とされており、それ自体、実際の天皇の起源としては考えにくい年代なのだが、『日本書紀』はさらにその前身として九州での１８０万年近い地方政権を想定していたわけである。

中世の文献では、しばしばこの１８０万年近い年代を無理やり割り振ろうとした例が出てくる。たとえば鎌倉時代に伊勢《いせ》神宮《じんぐう》外宮《げくう》で成立した伊勢神道の教典『倭姫命世記《やまとひめのみことせいき》』ではニニギの治世は「三十一万八千五百四十三年」、ホホデミは「六十三万七千八百九十二年」、ウガヤフキアエズは「八十三万六千四十二年」とされている。

また、南北朝時代に北畠親房《きたばたけちかふさ》が南朝の正統性を示すために著《あらわ》した史論『神皇正統記《じんのうしょうとうき》』ではニニギの治世は「三十万八千五百三十三年」、ホホデミは「六十三万七千八百九十二年」、ウガヤフキアエズは「八十三万六千四十三年」とされている。親房が『倭姫命世記』を見ているのは間違いないので些末《さまつ》な食い違いは写し間違いによる誤差にすぎないだろう。

ホホデミの在世について『古事記』の580年間と中世文献の64万年近くとではあまりに差が大きいが、それは伝承の成立時期の違いによるインフレといえそうだ。

さらに近世末期になると『上記《うえつふみ》』など、ホホデミやウガヤフキアエズを一代の神ではなく長大な王朝の称号とみなす解釈で書かれた史書も登場する。いわゆる「古史古伝《こしこでん》」「超古代史」だが、この場ではそれらについては割愛《かつあい》したい（くわしくは原田実『偽書が描いた日本の超古代史』2018、同『疫病・災害と超古代史』2020）。

記紀の神代に関する記述は神話だが、神武以降の天皇に関する記述は、史実というわけではない。

そもそも『日本書紀』での神武発進は甲寅年、神武即位が辛酉年に設定されているのも、讖緯《しんい》説（古代中国の暦法に基づく予言術）で、物事が始まるのは甲寅年、革命が起きるのは辛酉年という思想があるので、それに合わせて新たな国家を興《おこ》すのに適切な年次（と信じられたもの）をあてはめたにすぎない。

中国正史に「倭の五王」登場

5世紀の日本列島（おそらくは近畿地方）に、支配領域が朝鮮半島の一部におよぶ広域国家・

倭国《わこく》が成立しており、その王権が後世の天皇制国家の前身となったこと自体は間違いないところだ。だが、その時期においても、王権を特定の家系が男系相承《そうしょう》で独占していたかは疑わしい。中国正史『宋書《そうじょ》』夷蛮伝倭国条は、中国の南朝宋に朝貢《ちょうこう》した倭王として讃《さん》・珍《ちん》・済《せい》・興《こう》・武《ぶ》の５人の名を挙げる（『梁書《りょうしょ》』諸夷伝倭条の表記では賛・彌・済・興・武）。いわゆる倭の五王だが、『宋書』は讃と珍が兄弟であること、興と武が兄弟で済の子にあたることを記すが、讃・珍兄弟と済の血縁については記していない（『梁書』は彌と済が父子であるとするが、これは後世の常識で系譜を整えた感がある）。

しかし、記紀編纂《へんさん》当時の常識では、王権は男系相承によって継承されるべきものだった。そこで伝承上の王たちの系譜を一つの家系にまとめる作業がおこなわれたわけである。

じつは中国における正史も、史実としては疑わしい俗説・伝説の類を多く取り入れている。そもそも「正史」という言葉は、必ずしも事実として正しい歴史を意味しない。

東アジアにおける「正史」とは、漢文で書かれ、紀《き》伝体《でんたい》（国家の君主の事蹟を中心に年代を記した「本紀《ほんぎ》」、君主との関係を中心に人物や集団の履歴を記した「列伝《れつでん》」、国家にまつわる事物を記した「志《し》」などからなる歴史書の様式）で書かれたことを原則として、さらに国家によって正しい歴史として承認された歴史を意味する語だからである。

もっとも、書式に関する原則は必ずしも守られるわけではない（たとえば日本の正史である六国《りっこく》史《し》はいずれも紀伝体ではなく、本紀にあたる部分のみが編まれた編年体である）。つまるところ、「正史」とはあくまで国家によって正統な歴史と認められた史書ということになる。

正史の機能としては、君主との関係性で歴史上の人物や集団の立場を説明する、君主の事蹟を中心として国民が共有する物語を提供する、国家に関する事績を書き留めることで後世の人の参考にする、などが挙げられる。

これらの機能を果たすため、正史には、事実としては怪しくとも、後世への教訓になるとみなされた話や、時の国家の正統性を示すのに役立つと思われた話が積極的に取り入れられる傾向があった。

『日本書紀』は日本で編纂された最初の正史だが、だからこそ当時の政権が構想していた正統性に基づく形で過去の事蹟（に関する伝承）の編集がおこなわれたわけである。

『日本書紀』とほぼ同時期に『古事記』が編纂されており、その序文が朝廷に献上するための上奏文の形式になっているということは、当時、日本の歴史を構築するためのプロジェクトが複数あり、最終的に採用されたのが『日本書紀』の形式であった可能性がうかがえる。

天皇家に氏姓（名字）がない理由

さて、日本における「正史」には次の6種がある。

『日本書紀』　養老《ようろう》4年（720）完成　舎人《とねり》親王撰
『続日本紀《しょくにほんぎ》』　延暦《えんりゃく》16年（797）完成　藤原継縄《ふじわらのつぐただ》・菅野真道《すがののまみち》ら撰
『日本後紀《にほんこうき》』　承和《じょうわ》7年（840）完成　藤原冬嗣《ふゆつぐ》・清原夏野《きよはらのなつの》・藤原緒嗣《おつぐ》ら撰
『続日本後紀《しょくにほんこうき》』　貞観《じょうがん》11年（869）完成　藤原良房《よしふさ》・春澄善縄《はるずみのよしただ》ら撰
『日本文徳天皇実録《にほんもんとくてんのうじつろく》』　元慶《がんぎょう》2年（878）完成　藤原基経《もとつね》・都良香《みやこのよしか》ら撰
『日本三代実録《にほんさんだいじつろく》』　延喜《えんぎ》元年（901）完成　藤原時平《ときひら》・菅原道真《すがわらのみちざね》ら撰

これらを総称して六国史という。そして『日本三代実録』を最後に、日本での正史編纂は終了する。

なぜ、日本では正史がつくられることがなくなったのか。その理由の一つには日本では王朝交代・易姓《えきせい》革命がなかったため、いちいち皇室の正統性を強調する必要がなかったということが挙げられる。

中華では伝承上の最初の王朝である夏《か》以来、歴代の王朝はみな氏姓《しせい》を持っている。たとえば夏は「姒《じ》」、殷《いん》は「子《し》」、周《しゅう》は「姫《き》」、秦《しん》始皇帝は「嬴《えい》」、漢《かん》は「劉《りゅう》」という具合である。これを国姓《こくせい》という。朝鮮半島や琉球《りゅうきゅう》、ベトナムの王家にもそれぞれ氏姓がある。王朝が交代するときは前の王朝とは別の氏姓の者が新たな君主となるわけだから、これを易姓革命という。

ところが日本列島では氏族（同一の氏を持つ集団）制度が成立する過程と、王権や広域国家が形成される過程が並行して進んだために、王権を独占することになった家系は他の氏族と区別するために氏姓を持つ必要がなく、他の氏族の名乗りを承認する（他の家系に氏族名を与える）だけで自らの氏姓を持たないままに来てしまった。

その後、苗字（名字）は家が構えられた場所などに基づいて氏姓制度からさらに派生したものとなり現代では氏族と混同されがちだが、そもそも氏族もない皇室には苗字も必要はなかった。そして、その氏姓・名字を持たない家系が君主を世襲しつづけたこと自体が、琉球を除く日本列島で易姓革命がなかったことを示しているのである。

正史の多くはすでに易姓革命で滅んだ王朝について、その滅びた必然性と、その後に現れた王朝（その正史を編纂している王朝）の正統性を示す目的で編纂されるため、易姓革命がなかった日本国では正史を編纂するモチベーションが維持しにくかったのである。

また、東アジアの多くの国では君主専制が常態だからこそ君主中心の物語が成り立ったが、日本国では上代《じょうだい》はいざ知らず、摂関政治や院政、武家政権など天皇が直接実権を持たない国家制度が定着していった。これでは天皇は国民が共有する物語の中心となりにくい。

そのため、鏡物《かがみもの》と呼ばれる摂関家や源氏（武家に限らず臣に下った皇族）中心の歴史物語や武家を中心とする軍記物語、民間史論などが正史にとって代わって歴史叙述の主流となっていく。

また、９世紀末頃には公家や皇族、僧侶などの間で日記を残す慣習が定着したため、国家に関する事物の記録は政務や儀礼にたずさわるそれぞれの家の当主が日記として後世に残すようになり、国家であらためて正史に記録していく必要はなくなった。

正史の機能を果たした勅撰和歌集と民間文芸

さらに天皇は実権を持たない代わりに文化の守護者としての役割を果たすようになった。その文化の中心になるものが和歌であり、皇室の重要な事業として勅撰《ちょくせん》和歌集（天皇の命令で編纂された歌集）が編まれるようにもなった。

勅撰和歌集は天皇と関わる人々の歌とそれが詠《よ》まれた状況を記すことで、天皇とその歌い手の関係を記録していくものともなる。こうして正史の機能の一つ、天皇と人物の関係を示すという役割を勅撰和歌集が担うことになる。

このように日本国では、正史の編纂が終了する代わりに、後世へのさまざまな情報伝達手段が形成されていったわけである。日本人は、歴史を正史という形で国家管理に委ねるのではなく、民間で増殖《ぞうしょく》する文芸という形で享受することを選んだのである。

この世と異界との間に介在する中間者

天皇は個人であるとともに、国家の制度の一部である。さらに天皇の権威は高天原の神の直系という神話によって支えられている。そのため、天皇にまつわる制度は、天皇が、天と地を祭祀《さいし》によって結ぶ権能を持つという前提で構築されることになる。

そこで天皇をめぐっては、ときに制度では押さえきれぬ個人としての側面が漏れ出すことによる逸話《いつわ》が生まれ、ときに神話的存在の名残《なごり》としてこの世界と異界とを結ぶ中間者としての伝説が生じることになった。本書は、それら逸話と伝説の双方から天皇をめぐる物語の諸相を語っていくものである。

なお、東アジアの慣習では子供の氏姓は父親の家系のものを受け継ぐため、氏姓がない皇族の女性であっても婚姻《こんいん》によってその子は父方の氏姓を受け継ぐことになる。つまりは女性天皇が皇族以外の者と子を儲けて、その子に皇位を継がせたなら、その父方の氏姓が新たに日本国の国姓となり易姓革命が生じてしまう。

日本史において、女性天皇はいても女系による皇位継承が認められなかった第一の理由は、この易姓革命の可能性の忌避《きひ》だろう。

しかし、現代の民法では結婚により新たにできた家の氏姓を母方、父方のどちらにするかは自由とされている以上、易姓革命を避けながら女系天皇を容認しうる制度の構築も不可能ではないように思われる。

成務《せいむ》天皇——13代／131〜190年

▼「倭国大乱」期の天皇

事蹟が少なく実在性が薄い

成務天皇の和風諡号はワカタラシ（『日本書紀』では稚足彦、『古事記』では若帯日子）、在位時期は『日本書紀』紀年の西暦換算で131年から190年のことである。

『後漢書《ごかんじょ》』東夷伝倭条は後漢の桓帝《かんてい》・霊帝《れいてい》が在位していた2世紀後半頃の日本列島は「倭国大乱」（倭国は大いに乱れた）、「歴年無主」（長年にわたって国をたばねる王がいなかった）という混乱の時代を迎えていたとするが、記紀の成務記事にそのような痕跡を読みとることはできない。そもそも記紀ともに、成務に関する記事が簡潔すぎるのである。

『古事記』は成務の事蹟について、近淡海《ちかつおうみ》の志賀高穴穂宮《しがのたかあなほのみや》（現滋賀県大津市穴太《あのう》）に坐したこと、建内宿禰《たけのうちのすくね》（『日本書紀』武内宿禰）を大臣《おおおみ》としたこと、国の境を定め、国造《くにのみやつこ》や県主《あがたぬし》といった地方行政の長を任命して行政区分を定めたことしか記していない。

『日本書紀』でもやはり事蹟に関する記述は、武内宿禰の大臣任命と行政区分の制定くらいである。それどころか『日本書紀』は成務の宮の所在さえ記していない（『日本書紀』では高穴穂宮は成務の一代前の景行《けいこう》が晩年を過ごした宮とされる）。

ほかの上代天皇の記事が恋愛と陰謀、戦乱に彩られているのとは対照的である。成務は地方行政のシステム構築に忙しくて、そのような「些事《さじ》」にうつつを抜かすひまはなかったというのだろうか。いかに実在性が薄い天皇とはいえ、否《いな》、実在性が薄いからこそフィクションで事蹟を埋める余地がありそうなものである。

ところで『古事記』では、景行は3人の太子を置いたという記述がある。1人はワカタラシ（成務）、1人は倭 建 命《やまとたけるのみこと》（『日本書紀』日本武尊）、さらにもう1人は五百木之入日子命《いおきいりひこのみこと》（『日本書紀』五百城入彦皇子）である。

ヤマトタケルは西では九州の熊襲《くまそ》と、東では関東・東北の蝦夷《えぞ》と戦ったとされる英雄伝説の主人公であり、系譜上は仲哀《ちゅうあい》天皇（14代）の父とされる。イホキイリビコは応神《おうじん》天皇（15代）の皇后で仁徳《にんとく》天皇（16代）の母とされるナカツヒメ（『古事記』中日売命、『日本書紀』仲姫命）の祖父とされる。つまり成務以外の2人は系譜上、いわゆる河内王権（応神・仁徳に伝承上反映され、大阪府の百舌鳥《もず》・古市《ふるいち》古墳群を残した王権）の成立に関わるとされる人物である。

1人の天皇が同時に3人の太子を定めるということはありえないし、景行の時代に皇太子制度などはあろうはずもない。

おそらくこの記述は、河内王権成立に複数の血縁集団が関わった事実を3人の太子という形で伝承したものだろう。その中でも成務は、近江の勢力を背景とした集団を暗示するためにつくられた人物と考えられる。

おとぎ話「八百年生きたさざれ石の宮」

さて、記紀でのキャラクター付けが弱すぎたこともあってか、成務に関する伝説や物語は乏しい。本書ではその中から『さざれいし』を取り上げてみたい。

広義の御伽草子《おとぎそうし》とは室町時代から江戸時代初期につくられた挿絵入りの読物の総称だが、狭義の御伽草子とは江戸時代中期（18世紀頃）、大坂心斎橋の書店・柏原屋こと渋川清右衛門が刊行した39冊もしくは23冊揃えの絵本・御伽文庫に収録された23話をいう。

その23話の中には『鉢かづき』『一寸法師』『浦島太郎』『酒呑童子』など現代でもおとぎ話として親しまれているものもあるが、多くは広く読まれているとはいいがたい。『さざれいし』はその忘れられたおとぎ話の一つである。

神武天皇から12代、成務天皇の御世《みよ》はたいそう国が栄えていた。成務は皇子や姫宮に恵まれていたが、その末の姫宮はさざれ石の宮といい、天皇はこの姫を特にかわいがっていた。

さざれ石の宮は仏道を求めて、薬師如来《やくしにょらい》の浄土である東方浄瑠璃世界《とうほうじょうるりせかい》に生まれることを願い、つねづね薬師如来の名号《みょうごう》を唱えていた。

さざれ石の宮が一人たたずんでいたとき、空から官人が降りてきて自らを薬師如来の使者・金《こん》毘羅大将《ぴらだいしょう》であると名乗った。金毘羅大将は、不老不死の薬が入った瑠璃《るり》（ガラス）の壺《つぼ》を、さざれ石の宮に与えてその姿を消した。その壺は青く、白い文字で次の歌が書きこまれていた。

君が代は千代に八千代にさざれ石のいはほとなりて苔のむすまで

この歌は薬師如来の御詠歌《ごえいか》だった。さざれ石の宮は歌にちなんで、いはほの宮と名を改めた。いはほの宮はその壺の薬をたしなむことで美しい姿を保ちつつ八百余歳、成務天皇・仲哀天皇・神功《じんぐう》天皇・応神天皇・仁徳天皇・履中《りちゅう》天皇・反正《はんぜい》天皇・允恭《いんぎょう》天皇・安康《あんこう》天皇・雄略《ゆうりゃく》天皇・清寧《せいねい》天皇と11代の御世を過ごした。

ある夜、いはほの宮が薬師如来の真言を唱えているとその目の前に薬師如来が現れ、いはほの宮を浄瑠璃世界へと導いた。生きながらの成仏《じょうぶつ》（この場合は浄土への転生）は後にも先にも例がないほどのありがたい出来事であった。

この話で語られる成務以降の11代の皇統は、神功皇后が天皇に数えられている以外はおおむね記紀にしたがっている。ちなみに神功は仲哀の皇后で応神の母、仲哀崩御《ほうぎょ》から応神即位までの間に天皇の代わりに世を治めたとされるが、記紀以外のさまざまな文献で歴代天皇に数えられている（原田実『教養として学んでおきたい女性天皇』２０２２）。『さざれいし』もその神功天皇説にしたがったものだろう。

『日本書紀』の紀年にしたがえば、成務即位は１３１年、清寧崩御は４８４年だから成務から清寧までの期間は３５０年そこそこということになるため、『さざれいし』に記された８００年以上というのはその倍以上になるわけだが、そこには人魚の肉を食べたために８００歳の長寿を得たという八百比丘尼《はっぴゃくびくに》の伝説が混入しているのかもしれない。

薬師如来は肉体的な病苦から人々を救うことで悟りに導こうとする仏で、しばしば左手に薬の壺を持つ姿で表される（たとえば奈良・新薬師寺本尊の薬師如来像など）。

もちろん仏教伝来よりはるか前の成務朝において薬師如来に帰依《きえ》した姫宮がいるという設定自体、荒唐無稽《こうとうむけい》なわけだが、近世における「君が代」の受容・解釈の一例として面白い話であることは間違いない。

成務後に訪れた皇位継承の揺らぎ

さて、日本国歌とされる「君が代」の原型が『古今和歌集《こきんわかしゅう》』巻７・賀歌《がか》にあることはよく知られている。

我が君は千代に八千代にさされ石の巌《いわお》となりて苔のむすまで（国歌大鑑３４３番）

『古今和歌集』の写本によっては「我が君は千代にましませさされ石の巌となりて苔のむすまで」とも伝えられているが、歌いだしが「我が君は」であることは共通である。『和漢朗詠集《わかんろうえいしゅう》』（藤原公任撰《ふじわらのきんとう》・1013年成立）にもこの歌は収められているが、その写本の多くでは歌いだしは『古今和歌集』と同様に「我が君は」となっている。

ところが宮内庁書陵部《しょりょうぶ》にある安貞《あんてい》2年の奥書《おくがき》がある『和漢朗詠集』写本では、その歌いだしが現行のものと同様、「君が代は」とされている。安貞2年は鎌倉時代、西暦ではほぼ1228年にあたる。

武家政権時代には、小唄や常磐津《ときわづ》などの俗謡や箏曲《そうきょく》、琵琶歌《びわうた》などさまざまな形で「君が代は」の歌いだしでのこの歌が広まった。御伽草子『さざれいし』もそのひとつというわけである。『さざれいし』では「君が代」は、いはほの宮に不老不死の薬をもたらした薬師如来の御詠歌として、いはほの宮個人の長久を寿《ことほ》ぐ歌となっている。それと対比されるのが成務から清寧まで11代もの天皇たちである。

記紀の系譜では神武から成務までは父子相承だが、成務の崩御後、甥にあたる仲哀（14代）が即位することにより皇位継承の最初の揺らぎが示される。さらに清寧（22代）が崩御したとき、畿内での皇位継承者の最初の不在が生じたとされる。そして、『さざれいし』ではその清寧の世にいはほの宮が東方浄瑠璃世界に迎えられたとされる。

つまり『さざれいし』は、上代天皇（に反映された倭国の王権）の興亡と永遠の存在であるいはほの宮を対置させることで、地上の王権のはかなさを暗示した作品として読み解くことができるだろう。そこで年代上のつじつまが合わなかったり仏教伝来に関する時代錯誤が生じたりしていても、物語の発端を成務朝に求めるという無理がなされたと思われる。

「君が代」の起源はいつ頃か

ところで「君が代」の原型で歌いだしが「我が君は」の歌の場合、「君」は歌い手が敬意をもって仕える相手という意味で極端な場合、恋愛の相手としても解釈しうる。しかし、「君が代は」では「君」は何らかの統治者であることが前提となる。武家政権時代には、歌い手が君主と仰ぐ人を寿ぐための歌として「君が代は」という歌いだしが歓迎されたものだろう。

明治政府が式典用の楽曲として「君が代」を採用した際に、この「君」は初めて天皇の意味に限定されたことになる。

１９６０～１９８０年には日本各地で、「君が代」に歌われている「さざれ石」の実物を探そうという試みがおこなわれた。具体的には小石が集まってできた角礫岩《かくれきがん》や礫岩《れきがん》のことだが、１９６２年には岐阜県春日村（現揖斐《いび》川《がわ》町）で出土した角礫岩が「さざれ石」として文部省に納められ、いまも文部科学省の門に置かれている（辻田真佐憲『文部省の研究』２０１７）。

「君が代」が正式に日本の国歌に制定されたのは１９９９年８月公布の「国旗及び国家に関する

法律」においてである。

「さざれ石」が全国各地で探されたということからもうかがえるように「君が代」発祥の地を称する地域も各地にあり、その起源が弥生時代の古代王朝にまでさかのぼるという説が唱えられたこともある（原田実『トンデモ日本史の真相　人物伝承編』２０１１）。

しかし、溝口貞彦《みぞぐちさだひこ》氏は「君が代」に唐詩に見られる「砂や塵《ちり》を集めて山となす」という表現が影響していることを指摘しており、その説を認めれば、実際の成立は『古今和歌集』完成（９０５頃）をそう遠くにはさかのぼらない時期だったと推定できる（溝口貞彦『和漢詩歌源流考』２００４）。

仁徳《にんとく》天皇――16代／313～399年

▼恋多き聖帝

多くの女性と浮名を流す

仁徳天皇は応神天皇の子で『日本書紀』による在位年代は西暦３１３年から３９９年とされる。その名はオオサザキと伝えられている（『古事記』大雀命、『日本書紀』大鷦鷯天皇）。

仁徳を倭の五王の讃にあてる説もあるが、その根拠の一つは「讃」はオオサザキの倭名から「サ」の一文字をとって音写したものであろうとの解釈である。しかし、讃の宋への朝貢は421年（永初2）と425年（元嘉2）の2度であり『日本書紀』の紀年とは合わない。そこで讃=仁徳説では仁徳の年代を『日本書紀』よりも繰り下げようとするわけだが、私は仁徳の実在を前提とする以上、讃=仁徳説自体が成り立ちにくいと考える。

仁徳天皇といえば戦前から戦時中にかけて小学校・国民学校の歴史教科書にも載せられていた聖帝伝説が有名だ。この話は『古事記』『日本書紀』の双方に書かれている。

仁徳は新たな池を掘ったり、難波《なにわ》に運河を通したりといった土木工事を進めていた。彼が高い山に登って人里を見たところ、煙が上がっていないので民はかまどで食事の支度もできないくらい貧しいのかと3年間、課役《かえき》（国家に対する収穫物と労働力の貢納）を免除し、その間に宮殿は荒れ果てた。やがてかまどの煙が大いに上るようになったのを確認して、ふたたび課役の徴収を始めた。豊かになった民はすすんで貢納や労役をおこなうようになったので、土木工事や宮殿の復興などの作業を大いに進めることができた。記紀ともに仁徳はこの功績で民から「聖帝」と讃《たた》えられたとしている。

この聖帝伝説にまつわる仁徳天皇御製《ぎょせい》なる歌も伝わっている。

たかきやに　のぼりてみれば　けぶりたつ　たみのかまどは　にぎはひにけり

ただし、この歌は記紀には記録されていない。もともと、この歌は906年（延喜《えんぎ》9）の日本《にほん》紀竟宴和歌《ぎきょうえんわか》（『日本書紀』に題をとった歌合せ）で詠まれた「たかどのにのぼりてみればあめがしたよもにけぶりていまぞとみぬる」の改作で、作者不明として伝えられていた（『和漢朗詠集』など）。

それが歴史物語『水鏡《みずかがみ》』や、藤原俊成《ふじわらのしゅんぜい》の歌道書『古来風体抄《こらいふうていしょう》』で仁徳天皇御製とみなされ、俊成の子・定家《ていか》が撰者に加わった『新古今和歌集《しんこきんわかしゅう》』の巻7・賀歌にとられて以降、仁徳の代表的な歌とみなされるようになったものである。

『古事記』は仁徳が淡路島での国見《くにみ》で海の彼方の島々まで見通して歌を詠んだことを伝える。

おしてるや　難波の崎よ　いでたちて　わが国見れば　粟島《あわしま》　おのごろ島
あじまさの　島も見ゆ　さけつ島見ゆ

「おしてるや」は光輝く海面を示す枕詞である。すなわち、仁徳は、難波から淡路島に出て国見をしたなら四国（阿波《あわ》＝粟島）、日本神話で国生みの起点とされるオノゴロ島、亜熱帯植物のアジマサ（ビンロウ）が生えた南の島々、さらに遠くの島々（避けつ島）まで見える、と歌ったとされるわけである。

いかにも壮大だが、じつはこの歌、仁徳が皇后イワノヒメ（『古事記』石之日売、『日本書紀』磐之媛）の目を盗んで吉備《きび》（現岡山県および広島県東部）の黒日売《くろひめ》という美女の下に通うために船出して最初に詠んだとされるものなのである。

記紀は仁徳について、聖帝として以外にもさまざまなエピソードも伝える。その多くは恋多き天皇として仁徳像を示している。

応神天皇が日向《ひゅうが》（現宮崎県）のカミナガヒメ（『古事記』髪長比売、『日本書紀』髪長媛）という美女を宮中に迎えようとしたところ、皇子のオオサザキ（のちの仁徳）がカミナガヒメに恋しているのに気づき、酒宴にことよせてオオサザキとカミナガヒメとを娶《めと》わせたという話は記紀ともに伝えている。

即位後には皇后イワノヒメの嫉妬《しっと》を恐れながらも、クワタノクガヒメ（『日本書紀』桑田玖賀媛、桑田は丹波《たんば》の地名で現京都府亀岡市周辺）、ヤタノワキイラツメ（『古事記』八田若郎女、『日本書紀』八田皇女）などの女性と浮名を流したことが伝えられている。

また、仁徳の弟であるハヤブサワケ（『古事記』速総別王、『日本書紀』隼別皇子）の叛乱も恋争いを発端とするものだった（後述）。

正妻の嫉妬を恐れながらさまざまな女性と恋を重ねるといえば、ギリシア神話の主神ゼウスや『古事記』の出雲《いずも》神話におけるオオクニヌシが有名である。私はオオクニヌシについて初期国家形成の過程における地域勢力の連合を、1人の夫を共有する女性首長の婚姻という形で伝承したものと解釈した（原田実『古事記　異端の神々』２００５）。

仁徳を讃える「難波津に咲く花」の歌の背景

ここでいったん記紀を離れよう。『古今和歌集』仮名序《かなじょ》は「みかどのおほむはじめ」にして「歌のちちはは」（もろもろの歌の親ともいうべき歌）、「てならふひとのはじめにもしける」（文字を学ぶ人が最初に読み書きする歌）として「なにはづのうた」の名を挙げる。それは「おほさざきのみかど」（仁徳）を讃える歌でもあり、具体的には次の歌だという。

なにわづに　さくやこのはな　ふゆごもり　いまははるべと　さくやこのはな

『古今和歌集』の古い註では、この歌は応神崩御後にオオサザキが弟と位を譲り合ってなかなか次の天皇が決まらなかったときに王仁《わに》（『日本書紀』で日本に漢文をもたらしたとされる百済《くだら》系渡来人）がオオサザキを讃えて詠んだもので、この難波津に咲く花とは梅のことだという。

「てならふひとのはじめ」については、実際、７～９世紀の遺跡から出土した木簡には「なにはづのうた」の一部を書いている例が多数あり、文字を学んでいる官僚たちが練習のためにこの歌をよく書いていたことがうかがえる（犬飼隆『木簡から探る和歌の起源』２００８、犬飼隆『木簡による日本語書記史【２０１１増訂版】』２０１１）。

２０１５年には平安京跡（現京都市）から出土した木簡で「なにはづのうた」全文を書いている例も確認された『難波津の歌』全文記した木簡初出土、平仮名の完成形に近い字も確認」産経ＷＥＳＴ、２０１５年11月６日）。

だが、「なにはづのうた」は記紀には出てこない。また、『新古今和歌集』仮名序の古注にこの歌は王仁の作とあるにしても、「みかどのおほむはじめ」は最初の御製という以外の意味にはとれないだろう（『新古今和歌集』仮名序は最初に歌をつくったのはスサノオとするが、スサノオは天皇ではなく神話の中の神である）。

記紀には神武から応神までの間に天皇が自ら詠んだという歌がいくつも収められているので、これは最初の御製が仁徳によるという仮名序の記事と矛盾《むじゅん》する。ここには仮名序の著者で10世紀頃の人である紀貫之《きのつらゆき》が、記紀とは異なる歴史認識を持っていたことが示されている。

さて、「なにはづのうた」は難波津（現在の大阪市中央区方面にあった港湾施設）の初春の情景を歌ったものである。それがなぜ仁徳と結びついて伝承されているのか。

難波津が栄えた６〜７世紀頃、この港に入ってくる船にとってランドマークとなる人工建造物があった。それは大仙陵古墳《だいせんりょう》（大山古墳《だいせん》）。宮内庁が仁徳天皇陵（百舌鳥耳原中陵《もずのみみはらのなかのみささぎ》）に指定する巨大前方後円墳である。大仙陵古墳は全長約４９０メートル、エジプトの大ピラミッド（一辺２３０メートル）や中国の秦《しん》の始皇帝陵《しこうてい》（全長３５０メートル）と並ぶ世界最大級の墳墓である（ただし墳丘部の容積では大ピラミッド、秦始皇帝陵の方が大きい）。

天皇・皇后の御陵《ごりょう》を意味する古語に「みさざき」（みささぎ）があるが、大仙古墳は巨大な「みさざき」、まさにオオサザキである。オオサザキは巨大な古墳の被葬者という意味で、その被葬者の本来の名が忘れられてからつくられた可能性が高い（したがって倭王「讃」がオオサザキの「サ」に由来するという説も成り立ちにくい）。

さらに「サザキ」はミソサザイというスズメ目《もく》ミソサザイ属の小鳥を意味する古語でもある。『古事記』でオオサザキの名の表記に「雀」の字を用いているのもそのせいである（『日本書紀』が用いる「鷦鷯」にいたってはそのまま「みそさざい」という訓がある）。この連想からオオサザキには鳥のイメージも重ねられた。

『古事記』では淡路島での御製としていた歌にしても、大阪湾近辺の海を見下ろしてはるか彼方のビンロウが生えた南島まで見るというのは、巨大な墓から見下ろす霊の視点、もしくは大空を飛ぶ鳥の視点だろう。

ちなみにオオサザキと弟ハヤブサワケの対立は田辺聖子《たなべせいこ》の小説の題材となり（『隼別王子の叛乱』単行本、1977）、宝塚歌劇団月組によってミュージカル化されたり西谷祥子《にしたによしこ》氏によってコミカライズされたりすることで広く知られるようになった。

その対立の原因については、記紀ともにメトリ（『古事記』女鳥王、『日本書紀』雌鳥皇女）という女性をめぐる恋争いにあったとされている。ただし記紀が伝える内容は、恋の勝者となったハヤブサワケがメトリとともに逃げようとするのをオオサザキが軍を動かして追い詰め、２人とも殺害したというのだからハヤブサワケ側の動きを「叛乱」というのは語弊《ごへい》がある。

この三角関係の主要登場人物が、いずれも鳥にちなんだ名前であることは興味深い。おそらくはオオサザキの名から擬人化された鳥による恋愛や争いに関する物語がつくられ、それが伝説上の仁徳の事蹟にとりこまれたものだろう。

異形の怪人・宿儺

仁徳の多情ぶりは、首長層の婚姻関係を通じて形成された広域の共同体が、日本列島内交通の中心だった大阪湾において近畿地方の王権にとりこまれていく過程を物語化したものといえよう。鳥類の擬人化から生まれたハヤブサワケの話も、その物語を構成する一挿話として採用されたわけである。

『日本書紀』は仁徳について、高麗《こうらい》（高句麗《こうくり》）、呉《ご》（中華南朝）、百済、新羅《しらぎ》などとの外交記事や国内での蝦夷（関東・東北地方のまだ朝廷にまつろわぬ人々）や異族の討伐《とうばつ》記事など『古事記』には見られない記述をいくつも収めている。それらも『日本書紀』編纂当時に語られていた物語をとりこんだものと思われる。

ちなみに芥見下々《あくたみげげ》氏の人気漫画『呪術廻戦《じゅじゅつかいせん》』に登場する呪いの王「両面宿儺《りょうめんすくな》」は『日本書紀』の仁徳天皇65年（377）の記事で、飛騨《ひだ》国に現れた二つの顔（両面）に四つの手を持つ「宿儺」

なる怪人物にちなんだ、ネット怪談にもとづくものである（朝里樹監修『日本怪異妖怪事典 中部』２０２２）。『日本書紀』によると、宿儺は、仁徳が派遣した将で和珥《わに》氏族の祖・難波根子武振熊《なにわのねこたけふるくま》によって退治されたという。

ただし、江戸時代の飛騨では宿儺信仰がおこなわれるようになり、１６２１年（元和《げんな》７）に千光寺《せんこうじ》（現岐阜県高山市丹生川《にゅうかわ》町）の僧・玄海が著した『飛州千光寺記』では、宿儺は討伐に来た朝廷の将に、自分と仁徳は釈迦《しゃか》の説法に同席し、仁徳が日本の天皇として生まれた世にその守護者となるよう命じられていた、と告げたという。

千光寺は両面宿儺を開山の祖としており、円空《えんくう》（１６３２〜１６９５）が彫ったという両面宿儺像が祀《まつ》られている。

なお、小説家の坂口安吾《さかぐちあんご》は、両面宿儺の伝説には、壬申《じんしん》の乱の頃に滅ぼされた飛騨・信濃の勢力が投影されていると論じた（坂口安吾「安吾の新日本地理 飛騨・高山の抹殺」１９５１年初出）

第2章　天皇の誕生――「倭王」から「天皇」へ

雄略《ゆうりゃく》天皇

21代／456～479年

▼実在が明らかな天皇

即位前にライバルをすべて殺害

古代史ブームの只中だった1978年9月、日本中の歴史ファンを驚かせるニュースが駆け巡った。稲荷山《いなりやま》古墳（埼玉県行田《ぎょうだ》市）から出土した鉄剣の調査中、錆《さび》に埋もれた金象嵌《きんぞうがん》の銘文が見つかった。そこには剣の持ち主（おそらく稲荷山古墳の被葬者）の系譜と、彼がかつて「斯鬼宮《しきのみや》（磯城宮《しき》）」にいた「獲加多支鹵大王《わかたけるのおおきみ》」（だいおう）に仕えていたことが明記されていたのである。

これに先立ち、大王に関する銘文がある鉄剣としては江田船山《えだふなやま》古墳（熊本県玉名郡和水町《なごみ》）のものが知られていた。その銘文は、持ち主（おそらく江田船山古墳の被葬者）が「○○○○大王（文字不明瞭）」に鉄剣をつくらせたものであることを示していたが、文字の欠落を稲荷山鉄剣銘文と比較することで、こちらも「獲加多支鹵大王」と記されていたことが明らかになった。

つまり、ワカタケル大王を奉じた豪族が西の九州と東の関東との双方にいたことになる。ワカタケル大王本人が近畿地方にいたとすれば、東西にまたがる日本列島の広域を統治していた可能性が高いというわけである。

さて、雄略天皇（『日本書紀』によれば在位456～479）の和風諡号《しごう》は『古事記』では「大長若建命」、『日本書紀』では「大泊瀬幼武天皇」と記されている。この「若建」「幼武」が「ワカタケル」の名を残したもので、ワカタケル大王＝雄略天皇だとすれば、雄略天皇こそ考古学的出土品で実在が確認できる最古の天皇ということになる。稲荷山古墳鉄剣銘文の発見がいかに衝撃的だったか、これによって頷《うなず》けるだろう。

また、雄略は、『宋書《そうじょ》』『南斉書《なんせいしょ》』『梁書《りょうしょ》』に出てくる「倭の五王」の倭王「武」であるという説を認めれば、雄略は中国正史によってもその実在は裏付けられることになる。

こうして現在では、雄略は、伝説のベールに包まれながらも実在の可能性が高い古代天皇（大王）として、歴史学の世界で認知されているわけである。

記紀は雄略即位前に起きたとされる動乱を伝える。安康《あんこう》天皇（20代）は自分が即位するためにライバルの大草香皇子《おおくさかのおうじ》（『古事記』では大日下王）を殺害していた。大草香皇子の遺児・眉輪王《まよわおう》（『古事記』では目弱王）は父の死の真相を知り、安康を刺殺して、葛城《かつらぎ》氏の円《つぶら》大臣の館に逃げ込んだ。即位前の雄略は兵を率いて円の館を攻め、匿《かくま》われていた眉輪王ともども円を死に追いやった（『古事記』はこのときの目弱王はまだ7歳だったと伝える）。

一方で即位前の雄略は、有力な皇族だった市辺押磐皇子《いちのべのおしわのおうじ》（『古事記』では市辺之忍歯王）を近江での狩りに誘い、野に出たところを射殺してしまった。また、三輪《みわ》氏に支持されていた御馬《みま》皇子という皇族をも兵を挙げて攻め滅ぼしたという。

こうしてライバルをことごとく討ち果たしてから雄略は安《やす》んじて即位したというわけである。ちなみに安康は記録上、暗殺された最初の天皇である。

雄略即位前の事情について、『古事記』『日本書紀』は眉輪王と市辺押磐皇子について細部の違いこそあれ、ほぼ同様の内容を伝える（御馬皇子は『古事記』には出てこない）。

『古事記』では歌物語の主人公、『日本書紀』では「大悪天皇」

ところが、即位後の事蹟についてはかなり印象が異なっている。『古事記』の雄略は歌物語の主人公である。

『古事記』だけが伝える雄略のエピソードに引田部赤猪子《ひけたべのあかいこ》の話がある。これは雄略が美和川（現奈良県桜井市の三輪山のほとりの川）で衣を洗う美しい少女に声をかけ、宮中に召すと約束しながらそのまま忘れてしまった。80年の歳月が流れ、老いさらばえたかつての少女・引田部の赤猪子は、おびただしい引き出物を献上しながら雄略の声がかかるのを待った。老女の名を聞いた雄略は、かつての約束を思い出して赤猪子の忠節に驚くとともに失われた彼女の歳月を憐《あわ》れみ、歌を取り交わしたうえで彼女に多くの品を与えたという。

赤猪子に限らず、『古事記』の雄略は大和《やまと》の各地に行幸《ぎょうこう》しては、さまざまな女性と歌を詠み交わす。恋と歌とに彩られた『古事記』の雄略の軌跡は『伊勢物語』『源氏物語』など「色好み」を扱う王朝物語の先駆ともいえよう。

『古事記』には雄略が、天皇の宮を擬《ぎ》した家を建てた豪族を謝らせたという話もあるが、それも歌物語における一エピソードにすぎない。

それに対して『日本書紀』の雄略は、厳しい刑罰で多くの人を殺したために「大悪天皇《はなはだあしきすめらみこと》」とも呼ばれた峻厳《しゅんげん》な為政者として、あるいは百済《くだら》の皇子や呉《ご》（中国南朝）の使者を都に迎え、海外にも国威を示した外交の長としての側面が強調されている。

『古事記』の陽気な雄略像から『日本書紀』の峻厳な雄略像への展開を端的に示すものとして、葛城の一言主《ひとことぬし》に関する説話が挙げられる。

雄略が葛城山（現奈良県御所《ごせ》市と現大阪府千早赤阪《ちはやあかさか》村の境）に狩りをして、雄略自身とそっくりな神と出会ったこと、その神が一言主と名乗ったことは記紀ともに伝える。

しかし『古事記』では神の霊威を恐れ、太刀や弓矢、連れていた百官《ひゃっかん》（役人）が着ていた衣服まで一言主に献上して帰ったというのに対し、『日本書紀』では雄略と一言主は馬の轡《くつわ》を並べて同じ鹿を追うのを競い合い、ともに狩りを楽しんだという。『日本書紀』の葛城山説話は、神と対等に遊ぶさまを見た当時の人々が雄略を「有徳天皇《おむおむしくましますすめらみこと》」と讃えたという記述でしめくくられる。

同じ雄略と一言主の話でも、『日本書紀』の方が『古事記』よりも雄略を威厳ある人物として描こうとしているのは明らかである。

ちなみに『続《しょく》日本紀』天平宝字《てんぴょうほうじ》8年（764）11月の記事には、一言主がかつて葛城山の老人の姿で雄略と狩りを競い合ったために土佐国に流刑に処されていたが、あらためて大和に迎え祀《まつ》りなおしたというものがある。『釈日本紀《しゃくにほんぎ》』（『日本書紀』の注釈書）所引『土佐国風土記』逸文に土佐高賀茂《たかかも》大社（現高知市一宮しなねの土佐神社）のもともとの祭神は一言主だったとあるのと関連する記述ではあろうが、『日本書紀』完成後にも雄略と一言主の話は変容を続け、ついには雄略の方が神を流刑《るけい》にできるほどの力を得てしまったわけである。

『万葉集』巻頭にあるナンパの歌

さて、奈良時代末から平安時代初期にかけての時期（8世紀末〜9世紀初頭）には、雄略の御《み》世《よ》をもって一つの画期《かっき》とみなす歴史観があったらしい。

たとえば、『万葉集』全体の冒頭ともいうべき巻1巻頭は、雄略天皇の御製《ぎょせい》とされる歌で飾られる。

籠《こ》もよ　み籠持ち　掘串《ふくし》もよ　み掘串《ぶくし》持ち　この岡に　菜摘《つ》ます子　家のらせ　名のらさね
そらみつ　大和の国は　おしなべて　我こそをれ　しきなべて　我こそをれ
我こそば　のらめ　家をも名をも（国歌大鏡1）

（この岡で籠と掘串《ふくし》〔草の根を掘る棒〕を持って山菜摘みをしている娘さん、家と名前を教えなさい。この広大な大和の国は　すべて私が治めています。だから、家と名を教えなさい）

……つまりはナンパの歌である。しかも、自分が権力者であることを笠に着てのナンパだから品が良いとは思えない。名歌秀歌を集めた現存最古の歌集の冒頭にふさわしいといえるかは疑問だが、編者からすれば、雄略から始めるのを既定の方針として、もっとも雄略らしいと思える歌を選んだというところだろう。

平安時代初頭の僧・景戒《きょうかい》が仏教説話を中心として編んだ説話集『日本霊異記《にほんりょういき》』の巻1冒頭も雄略に関する話である。

雄略が宮中で皇后と交わっている最中に側近の小子部《ちいさこべのすが》栖軽《る》が知らずに部屋に入った。雄略は雷が鳴ったのを幸い、照れ隠しに雷をつかまえるよう命じた。栖軽は駆け出していくと雷が落ちたところを探り当て、雷神を捕まえて雄略の下に連れてきた。雄略は雷神に恐れをなし、供物を捧げて祀ったうえでお帰りいただいたという（さらに続きもあるが略）。

雄略が小子部栖軽に命じて雷神を捕えさせたがその姿に恐れをなしたという話は、『日本書紀』巻14・雄略7年秋7月の条にも記されている（さすがに皇后云々というくだりはない）。

天皇の威厳を感じさせるものではないが、だからこそ、なぜこのような笑い話めいた説話が雄略について語られなければならなかったのかは興味深い。

これは『古事記』における歌物語の主人公としての陽気な雄略像の継承として考えれば納得がいく。『日本書紀』がいかに威厳に満ちた雄略像を提示しようとしたにせよ、『古事記』に反映されたような雄略のイメージは9世紀初め頃までは主流だったことがうかがえる。

雄略から見える記紀の編纂過程

さて、『日本書紀』は雄略の代を起点として編纂《へんさん》された可能性がある。天文学者の小川清彦《おがわきよひこ》は戦前、『日本書紀』で暦法に基づく記述が始まる巻3から巻13までは儀鳳暦《ぎほうれき》、雄略について記した巻14より以降は元嘉暦《げんか》という暦に基づいて記されていることを指摘した。

儀鳳暦は元嘉暦より後に日本にもたらされているため、『日本書紀』編纂はまず巻14から始められ、それがいったん出来上がってから、あらためて巻1から巻13までの編纂がおこなわれたと考えるべきであるとした。小川の『日本書紀』暦法の研究が評価されたのは戦後になってからである（『小川清彦著作集　古天文・暦日の研究』1997）。

東アジア言語交渉史を専攻する森博達《もりひろみち》氏は『日本書紀』の音韻《おんいん》・文体を分析して、正規の漢文で書かれたα群と、倭人独特の読み癖と思われる音韻や正規の文法から外れた文体で書かれたβ群に大別し、巻1～巻13はβ群、巻14以降は一部にβ群の混入があるが基本はα群であることを示した。そのうえで『日本書紀』編纂は正規の漢文を身につけた中国系渡来人により巻14から作業が進められ、のちに日本人によって引き継がれたとみなした。

森説においても、『日本書紀』の編纂作業は雄略に関する箇所からとりかかったことになる（森博達『古代の音韻と日本書紀の成立』1991、森博達『日本書紀の謎を解く』1999）。

つまり、8世紀の史官たちは日本初の正史である『日本書紀』を編纂するにあたり、まず雄略から始まる歴史叙述をまとめたうえで、そこから前の歴史をさかのぼって編んだことになる。

これは大王家が断片的にでも歴史的記録として押さえている時代と、歴史としての体裁をもたない物語としての伝承しかない時代との結節点に位置する大王が雄略だったからだと思われる。

一方、『古事記』はいちおう、神代《じんだい》から推古《すいこ》（33代）の時代までを記した文書だが、途中からはほぼ「天皇」の宮と系譜のみの記述となっている。そして、物語としての『古事記』の最後のエピソードは、市辺之忍歯《いちのべのおしは》王の遺児が皇位についた後、父の仇《かたき》である雄略の墓を壊そうとしたが、弟が悪名を残すのをはばかって一部の土を削るにとどめ、やがてはその弟も兄の後を継いで皇位についたというものである（顕宗《けんぞう》天皇〔23代〕・仁賢《にんけん》天皇〔24代〕）。『古事記』の物語的記述は雄略の墓の話で終わったことになる。

つまり神代から雄略までの伝承を物語としてまとめたものが『古事記』となり、もう一方では同じような資料に基づいて雄略より前の時代の物語を歴史叙述へと書き換えたものが『日本書紀』の巻1から巻13になったと考えられるわけである。

浦島太郎は雄略の時代の話？

さて、雄略に関して、歌物語的な『古事記』に対して『日本書紀』は歴史叙述としての体裁を整えているわけだが、その書紀の文脈に唐突に割り込んでくる奇妙な記述がある。

『日本書紀』によれば雄略22年（478）秋7月、丹波《たんば》国余社《よさ》郡筒川（現京都府与謝郡伊根町）の人、水江浦島子《みずのえのうらしまのこ》は、舟に乗り釣りに出たところ、大亀をとらえた。その大亀は女と化したので、浦島子はともに海中に入って蓬萊山《ほうらい》（古代中国の伝承で東方海中にあるとされた仙境）に至り、多くの仙人たちと会ったという。

これはおとぎ話として有名な浦島太郎の物語に関する最古の記録である。現代日本で流布している話では、浦島は亀を捕えたのではなく助けたことになっており、亀はあくまで案内役でヒロインとしては別に乙姫《おとひめ》が登場、さらに浦島の行き先も蓬萊山ではなく竜宮城と多くの箇所が異なっている。

注目すべきは、この記述が歴史的事件の一つとして『日本書紀』で扱われていることである。『日本書紀』は浦島子の話の詳細は「別巻」に譲るとしているが、その別巻なるものは伝わっていない。ただし『釈日本紀』所引『丹後国風土記《たんごのくにふどき》』逸文に、その別巻と同じ資料に基づくと思われる詳細な記述が残っている。

それによると、浦島子が行った蓬萊山では昴星《すばるぼし》（おうし座のプレアデス星団）や畢星《あめふりぼし》（おうし座のヒアデス星団）が子供たちの姿で遊んでいたとあり、どうやら仙境であるとともに星の世界でもあったらしい。

浦島子は妻から玉匣《たまのくしげ》（玉で飾られた箱）を預かって筒川に帰ったが、そこで自分が故郷を離れていた間に３００年以上の歳月が流れていたことを知った。さらに妻との禁を破って玉匣を開けたために蓬莱山に再び行くこともできなくなり、ただその身を嘆くしかなかったという。

雄略22年から３００年後といえば西暦で７７８年、『日本書紀』が完成した７２０年よりもはるか後となり、浦島子に関する『日本書紀』「別巻」と『丹後国風土記』逸文が同内容だったとするとつじつまがあわなくなるのだが、そこは現実の世界と異なる時間が流れる異界の話を無理やり歴史にあてはめたための矛盾とみなすべきだろう。

『日本書紀』がなぜ浦島子の話を雄略の時代にあてはめたのかは不明だが、中国南朝で４７８年にあたる宋の昇明2年は倭王・武の使者が遣使してきた年とされており、あるいは中国の仙境である蓬莱山に至った浦島子を宋に至った倭王・武の使者と重ね合わせたのかもしれない。

ちなみに江戸時代の戯曲家・近松門左衛門《ちかまつもんざえもん》（１６５３～１７２５）は、浦島太郎を主人公に雄略朝を舞台とする浄瑠璃《じょうるり》『浦島年代記』（１７２２年もしくは１７００年初演）を書いている。その浄瑠璃では眉輪王が赤子の姿で生まれ落ちてすぐに巨大な姿に成長する怪物として登場し、安康天皇（20代）を捕えては、「あんこう」なればと吊るし切り（魚のアンコウの調理法）にする場面がある。ＣＧがある現代ならいざ知らず、当時の人形でこれを上演するには高度な工夫がもとめられただろう。

その戯曲における浦島太郎の役回りは雄略の眉輪王退治を助ける忠臣であり、円大臣と戦って海に沈んでから、淳和《じゅんな》天皇（53代、在位823〜833）の御世に竜宮から帰ってきて、旱魃《かんばつ》で苦しむ農民たちを助ける英雄である。

コラム　異形の天皇

尻に長い尾、頭には角、鱗が生えた姿

『大成経《たいせいきょう》』（『先代旧事本紀大成経《せんだいくじほんぎたいせいきょう》』）という全72巻付2冊もの大部の本がある。聖徳太子《しょうとくたいし》・蘇《そ》我馬子《がのうまこ》・小野妹子《おののいもこ》・秦河勝《はたのかわかつ》らが編纂して以来、秘蔵されてきた史書として1679年（延宝《えんぽう》7）に刊行された。しかし、出版後に徳川幕府はこれを禁書と指定し、版木まで焼かれてしまった。幸い回収を逃れた刊本も多かったため、『大成経』はいまでも読むことができる。

現代人の目で『大成経』を読むとき、驚かされるのは古代天皇の容姿に関する描写である。

たとえば初代・神武《じんむ》天皇、

「身長一丈五寸（約3メートル20センチ）、身の太さ一圍《い》五寸（成人男子の両腕を回したくらいに約15センチ足したほどの胴回り）、頭に両の角ありて三寸（約9センチ）、なお雪のごとく、

尻に素《しろ》の龍尾あり。長さ六咫《た》四寸（約1メートル20センチ）、尾の背に太鱗《うろこ》あり。数は七十有二あり」

第2代・綏靖《すいぜい》天皇は次のようなありさまである。

「身長一丈（約3メートル）。目は黄に光り輝き辰星《しんせい》の如く、背に鱗あり怒るに則《すなわ》ち逆に立つ」

第7代・孝霊《こうれい》天皇は次のようである。

「面は長く龍に似て醜からず、耳の上へ逆立つ白い鱗あり、九鱗ありて九間に気を発す」

第10代・崇神《すじん》天皇はといえば……、

「身長九咫五寸（約1メートル80センチ）、額の上に一の青角あり、二寸八分（約8・5センチ）、下の歯は長く利《と》く、上の歯は短く丸く、舌は長く目に至る」

さらに第16代・応神天皇（記紀では応神は第15代だが『大成経』では記紀の神功皇后を神功天皇として歴代に数えるので応神が第16代になる）。

「身長九咫六寸（約1メートル83センチ）、臂《ひじ》に鞆《とも》の形有り、眼の形は三角（中略）七十二の青き毛ありて太きこと牛の尾の如く長きこと馬の尾の如し、強き根にしてついに抜けず」

そして第17代・仁徳天皇は……、

「身長九咫（約1メートル65センチ）、目に青黄の光陰あり、耳は眉の上より口の下に垂る、足の指のなお手の指より長く」

尻に長い尾が生えていたり頭に角が生えていたりと、とても人物の容貌《ようぼう》の描写とは思えない。応神天皇について、その腕に、弓を射る時に手首につける鞆（「ほむた」ともいう）という武具に似た肉がついていたのがホムタワケ、あるいはホムタノスメラミコトという称号の由来となったという話は『日本書紀』にも見えるが、さすがに目が三角だったとか72本の太い体毛が生えていたという話は記紀にはない。

これらの奇怪な描写は、天皇の身体を表す「龍体」や天皇の顔を表す「龍顔」という慣用表現を即物的に表したものと思われる。古来、中国では龍を皇帝のシンボルとしていたため、漢文には皇帝を龍にたとえる表現がいくつもあった。その表現が、日本でも天皇を表すために用いられたため、「龍体」「龍顔」などの慣用表現が定着したわけである。『大成経』における古代天皇の人間離れした描写は、龍であることを示すものだったわけである。

なお、『大成経』が禁書とされるにあたっては、上代天皇の容姿に関する記述は特に問題となっていない。その理由は『大成経』が伊勢神宮の内宮《ないくう》（現三重県伊勢市宇治館町）・外宮《げくう》（現三重県伊勢市豊川町）よりも伊雑宮《いぞうぐう》（志摩邦一宮・現三重県志摩市磯部町）の方が上位の神社だと主張したため、怒った内宮・外宮の神官が幕府に禁書にするよう求めたからだった。『大成経』が江戸時代の偽作であり、その作成には伊雑宮に好意的な人物が関与していたことは間違いない（原田実『偽書が描いた日本の超古代史』『天皇即位と超古代史』）。

食人の暴君に描かれた綏靖天皇

上代天皇を異形の存在として語る伝承は中世の文献にもある。たとえば第2代の綏靖天皇（『日本書紀』によれば在位紀元前581〜549）については次のような話がある。

綏靖天皇は毎日の朝夕に7人ずつ人を食べていた。臣下は、次はだれが食べられるのかと恐れ、このままではこの国に誰もいなくなってしまうと嘆《なげ》いた。

臣下の者たちは話し合った。「帝の祖父のウガヤフキアエズ尊は、83万6412年もの長寿だった。末代に入って寿命は縮んだが父親の神武帝も120年の間、世を治められた。いまの帝が長生きされては多くの人の命が失われる」

臣下の者たちは、使いの者たちを国中に派遣して、○月○日、火の雨が降る、というお触れを広めさせた。生き残るためには、岩屋をつくってその中に籠《こも》るように、とのお触れを聞いた人々はさっそくその通りにしたため、国中に岩屋がつくられ構えられた。

綏靖天皇も公卿《くぎょう》3人、殿上人《てんじょうびと》2人、女房2人を引き連れて、内裏につくった岩屋に入っていった。臣下の者たちは、その岩屋の戸をふさいでから中に入った人が出られないようにその前に柱まで立てた。

その後、綏靖天皇がどうなったのかは誰も知らない。国には悪王に代わって善王が立てられた。いま、国中に多くの塚（古墳）があるのは、そのときに建てられた岩屋である――。

これは『神道集《しんとうしゅう》』の「熊野権現事」という神社縁起《えんぎ》の一節である。『神道集』は、南北朝時代（1336〜1392）に成立したと思われる神社縁起集で、安居院《あぐい》作と伝わる。安居院は比叡《ひえい》山東塔竹林院の里坊《さとぼう》（山寺の僧が人里に構える住まい）として現在の京都市上京区に置かれていた寺だが、『神道集』の作者はその寺の特定の僧侶というより、安居院を拠点とした唱導師《しょうどうし》（寺社縁起などの仏教説話を語ることで民を教化する僧）の集団だったようである。

食人の暴君だった綏靖を地中に封じ込めるための臣下たちの策略の話が、日本各地に多数ある古墳の由来譚《たん》にもなっているところが面白い。綏靖を騙《だま》すための嘘とはいえ、天から降る火の雨を防ぐために岩屋の下に潜《もぐ》るというのは現代の防空壕《ごう》や核シェルターを連想させるものがある。

ここでは綏靖の具体的な容姿に関する記述はないが、人を常食するということは綏靖が一種の怪物、鬼神の類とみなされているということだろう。

ちなみに東京大学名誉教授だった神話学者・民俗学者の大林太良《おおばやしたりょう》は、この『神道集』の綏靖天皇説話とイランの叙事詩『シャー・ナーメ』（『王書』、1010年完成）に出てくる蛇王ザッハークの話との類似を指摘している（大林太良『神話の系譜』1986）。

『シャー・ナーメ』によると、ザッハークはアラビアの暴君だったが、悪魔の呪いを受け、両肩にそれぞれ1匹ずつ生えてきた蛇の頭に毎日、人間の脳を食べさせなければならなくなった。

ザッハークは１０００年の治世の後、英雄フェリドーンによって王位を追われ、北にカスピ海を臨む中東最高峰のダマーヴァンド山（標高５６１０メートル）に幽閉《ゆうへい》された。

たしかに、王が毎日人を食らうことといい、最後は地中に幽閉されることといい、『神道集』の綏靖天皇と『シャー・ナーメ』のザッハークはよく似ている。

大林は、イランの神話が日本に伝えられた可能性を示唆《しさ》している。あるいは日宋貿易（10～13世紀に日本と宋の間でおこなわれた交易）でもたらされた文物の中に、イランの神話に関する文献がまぎれていたのかもしれない。

応神天皇の龍の尾談義

また、第15代の応神天皇（『日本書紀』による在位２７０～３１０）には次のような話がある。

応神天皇には龍の尾が生えていた。天皇は衣服にひきずるような長い裾《すそ》をつけて尾を隠していた。あるとき、天皇がお出ましになられた際、女官たちが障子を開いて天皇を通したが、まだ裾が部屋の中にあるのに気づかないまま、その障子を閉めてしまった。

そのため、天皇の尾は裾ごと障子にはさまれ、体は部屋の外に出ているのに、尾だけが部屋の中に入ったままになってしまった。

天皇は怒って「尾籠なり」といった。これが「をこ」という言葉の始まりである。

『塵添壒囊鈔《じんてんあいのうしょう》』では最初の天皇である神武天皇の父はヒコホホデミ、母は龍王（海神）の娘のトヨタマヒメである。つまり、その子孫である天皇は海神の末裔《まつえい》でもある。そのため、神武から応神までの歴代天皇にはみな、尾があったという。

『塵添壒囊鈔』は室町時代に編纂された辞典で、1532年（天文《てんぶん》元年）に完成した。先行する辞典である『壒囊鈔』に、鎌倉時代に成立した類書（百科事典）『塵袋《ちりぶくろ》』からとった項目を増補する形で編纂された。

「をこ」は、ばかげていて滑稽《こっけい》なこと、無礼なことを意味する古語で「尾籠」のほかに「烏籠」「嗚呼」などの当て字が用いられた。現代日本語では「バカ」というニュアンスに近いものである。

また、現代でも、身の程知らずにふるまうことを意味する「おこがましい」という形で会話の中に生きている言葉でもある。

ここでは、障子が閉じられたために、「尾」が部屋の中に「籠」ってしまった、ということで「尾籠」という当て字がそのまま語源解釈に用いられている（もちろん当て字から語源を探ろうとすること自体、牽強付会《けんきょうふかい》であることは言うまでもない）。

記紀ではヒコホホデミとトヨタマヒメは神武天皇の両親ではなく、祖父と祖母なのだが『塵添壒囊鈔』のこの記事の書き手はウガヤフキアエズのことを失念していたようである。

また、宮中での正装である束帯《そくたい》という衣装においては、天皇皇族は威厳を示すためにその裾を長く引きずるような形にすることになっている。この話をつくった人は、その姿を目にする機会があったが、裾の長さに違和感を覚え、龍の尾に付会した者かもしれない。

　このような記録を見ると、『先代旧事本紀大成経』における異形の天皇はいきなり現れたものではなく、中世の伝統を受け継ぐものだったことがうかがえる。皇室が神の子孫である以上、上代天皇は中世・近世の天皇よりも神に近く、したがって人間離れした容姿をしていてもおかしくはない、というわけである。

継体《けいたい》天皇――26代／507～531年

▼出自が不明、墓が特定できる

継体天皇とはだれか

　継体天皇（『古事記』袁本抒命《おおどのみこと》、『日本書紀』男大迹《おおど》王）は大和出身ではなく、もともとは『古事記』によると近江《おうみ》国、『日本書紀』によると越前国にいた人物が大和に迎えられて皇位についたのだという。彼の一つ前の天皇とされる武烈《ぶれつ》には皇子がいなかったため、皇位継承者が畿内に不在となったことからの緊急措置だったとされる。

『日本書紀』は武烈崩御の直後に、重臣だった大伴金村《おおとものかなむらのおおむらじ》大連が丹波国桑田郡（現京都府亀岡市とその周辺）にいる仲哀《ちゅうあい》天皇（14代）五世の子孫、倭彦《やまとひこ》王を迎えようとしたが、倭彦王は金村が連れてきた兵を見て山中に逃げ込んでしまった。そのため、あらためて金村が越前国三国《みくに》（現福井県坂井市）に赴いて迎えたのが継体だったという。

宮内庁が継体天皇陵（三島藍野陵《みしまのあいののみささぎ》）に指定しているのは大阪府茨木市太田の太田茶臼山《おおだちゃうすやま》古墳である。しかし、1997年から繰り返されている今城塚《いましろづか》古墳（大阪府高槻市郡家新町）発掘調査の結果、考古学界では今城塚古墳こそ真の継体天皇陵であるという説が有力となっている。

じつはこれはきわめて重大なことである。それは現在の考古学界が今城塚古墳を大王墓であると認め、しかもその被葬者が記紀に記されたオオドすなわち継体と同一人物であると認めたことになるからだ。

継体よりも前の代の天皇については、考古学では宮内庁指定の陵墓が疑わしいということはいえても、真の墓がどこかという議論は成り立ちにくい（そもそも実在自体があやふやである）。したがって、継体こそ、その実在と墓の特定とが考古学的にほぼ確定できる最初の天皇（大王）ということになるわけだ。

継体の出自については、記紀ともに応神天皇から数えて五世にあたる子孫としている。しかし『古事記』は王仁《わに》から継体までの間の系譜について一切記さない。『日本書紀』は継体について、近江国高島郡三尾（現高島市安曇川《あどがわ》町）にいた彦主人《ひこうし》王と、三国から近江に迎えられた垂仁《すいにん》天皇（11代）七世の子孫の振媛《ふるひめ》の間に生まれた子で、父を亡くしてから母の実家に近い高向《たかむく》で育てられたとする（現福井県坂井市には彦主人王と振媛を祭神とし、継体天皇養育地の伝承がある高向神社がある）。しかし、『日本書紀』も応神から彦主人王、垂仁から振媛までの系譜は記さない。『神皇正統記《じんのうしょうとうき》』は応神―隼総別皇子―大迹王―私斐王―彦主人王―男大迹王（継体）という系譜を伝えている。継体が記紀で反逆者として兄・仁徳《にんとく》に討たれたとされるハヤブサワケの子孫だったというのは面白いが、『神皇正統記』は南北朝時代の史料なのでその典拠が何だったのかという疑問が残る。

愛知県一宮市の旧家に伝わったという『真澄探當証』なる文献には、継体は仁賢《にんけん》天皇（24代）の子でれっきとした皇族だったという記録がある。それによると彦主人王は継体の父ではなく継体の母方の祖父なのだという。

もっとも『真澄探當証』は記紀で播磨《はりま》国とされる顕宗《けんぞう》・仁賢兄弟の潜伏地を尾張《おわり》国とし、継体も近江や越前ではなく尾張で育ったとしているので、その内容はあまりに記紀と違いすぎる。『真澄探當証』は実際には昭和初期の成立で、その内容は古伝ではなさそうである（原田実『偽書が描いた日本の超古代史』２０１８）。

継体が強化した男系相承

『釈日本紀』に引かれた『上宮記《じょうぐうき》』（編纂は記紀よりも古い）という史料には彦主人王と振媛の双方のくわしい系譜が記されている。その中から継体の男系での直系の系譜のみ抜き出してみよう。

王—若野毛二俣王《わかぬけふたまたのおう》—大郎子一名意富富等王《おほほどおう》—乎非王《おひおう》—宇斯王（彦主人王《ひこうしおう》）—乎富等大公王（継体）

『上宮記』のこの逸文《いつぶん》は、表記から推古朝にすでに成立していた可能性さえあるという古い記録である。また、表記の違いはあるが『神皇正統記』におけるオオホト王から継体までの系譜は『上宮記』逸文に拠ったものだったことはうかがえる。応神の子にワカヌケフタマタという人物がいたことは記紀ともに記している（『古事記』若沼毛二俣王、『日本書紀』稚野毛二派皇子、ほか）。つまり『上宮記』逸文は応神の子ワカヌケフタマタミコから継体までのくわしい系図を伝えていた……と言い切ることができればいいのだが、ここで困った問題がある。

『上宮記』でワカヌケフタマタの父とされる「凡牟都和希」は通説では「ホムタワケ」と読んで応神天皇（『古事記』品陀和気命、『日本書紀』誉田別尊）のことと解する。しかし、「凡牟都和希」は「ホムツワケ」としか読めない。ホムツワケ（『古事記』本牟都和気、『日本書紀』誉津別尊）は垂仁天皇の子とされる人物で、幼少期には言葉を話すことができなかったと伝えられている。ホムツワケが皇位についたという記録は記紀ともになく、明らかに応神とは別人である。

佐野仁應氏は『上宮記』の系譜は継体をおとしめるためにホムツワケを祖先としたもので、その作成者は継体と対立する勢力だったという（佐野仁應「継体天皇の出自」『東アジアの古代文化』10号、1976年10月）。

坂田隆氏は、記紀の垂仁天皇は世代が異なる２人の王の複合人格であり、その一方の垂仁の子であるホムツワケは応神と同世代で、彼こそが継体の祖先だったとする（坂田隆『巨大古墳の被葬者』1995）。

しかし、『上宮記』逸文が記紀よりも古い系譜の伝承を残すものだとすれば、継体はもともとホムツワケの子孫と伝承されていたのを記紀が応神の子孫と修正したものと考えるのが妥当だろう。

じつは『古事記』では、継体が皇位を継いだ状況について次のように記している。

「品太天皇五世の孫、袁本抒命を近淡海《ちかつおうみ》国より上りまさしめて、手白髪《たしらか》命に合わせて天の下を授けまつりき」

手白髪命（『日本書紀』手白香皇后）は継体の皇后で、仁賢（24代）の娘、武烈（25代）とは異母妹とされている。つまり継体は、先行する大王の家系に入り婿に入る形で大王となったのである。その婚姻と大王就任を正当化するために、継体は自らももともと大王の家系と男系でつながっていたと主張した。継体の先祖がホムツワケから応神に変えられたのも、過去の大王の家系との男系でのつながりをより近い世代で説明しようとしたからだろう。

さらにいえば、継体が男系による大王位の継承を主張したことが大王位の男系相承の強化、さらに大王位の特定家系（継体の直系子孫）による独占につながったものと思われる。

さて、真の継体陵と目《もく》される今城塚古墳の石室は、中世に盗掘されたり、古墳が砦《とりで》として利用されたりしたために損壊しており、その副葬品の多くが失われている。

ところが現滋賀県高島市鴨にある鴨稲荷山古墳《かもいなりやま》からは1902年（明治35）の発掘で金銅製の冠や沓《くつ》、金製の耳飾、鏡、刀、玉製品などの豪華な出土品が発見されており、その様式は韓国慶州《キョンジュ》市の新羅王墓群（慶州古墳群）の出土品と共通している。

高島市を含む湖北地方は日本海沿岸と畿内を結ぶ交通の要衝《ようしょう》であり、京都遷都以降は、いわゆる鯖《さば》街道（現福井県で獲れた鯖を京都に運ぶ道）の主要ルートが通る地域であった。

鴨稲荷山古墳は継体の父・彦主人王の墓という説や継体を支えていた豪族・三尾《みお》氏の首長の墓という説があるが、いずれにしても、その被葬者が日本海と畿内を結ぶ交易で栄えた首長であったことは間違いない。継体が大王不在の大和に入り婿として迎えられたのも、その富の蓄積あってのことだろう。

謡曲『花筐』に描かれた情

継体を主人公とする文芸といえば世阿弥《ぜあみ》作とされる室町時代の謡曲『花筐《はながたみ》』がある。

大迹部《おおあとべ》皇子は故あって越前国味真野《あじまの》（現福井県越前市味真野地区）に住んでいたが、先帝武烈より位を譲られ急遽、都へと旅立った。大迹部皇子は寵愛していた照日前《てるひのまえ》のために愛用の花筐（花籠）と手紙を届けた。照日前は手紙と花筐を抱いて、皇子のことを思い焦がれるうちに狂気に陥っていった。

ある秋の日、継体帝が官人を引き連れて紅葉狩りに出かけると、その一行の前に侍女を連れた狂女が現れた。官人が侍女の持つ花筐を叩き落とすと、狂女は帝愛用の品を叩き落とすとは何事かと官人を叱《しか》った。狂女は李夫人《りふじん》（漢武帝《ぶてい》の側室）の故事を歌いながら舞い踊った。侍女から受け取った花筐を見た帝は、その狂女が照日前だったことに気づいた。継体は狂気が治った照日前をともなって都へと帰っていった。

1715年（正徳《しょうとく》5）刊の『広益俗説弁』（井沢蟠竜《いざわばんりょう》著）に俗説として記されているところでは、恋しい人が残していったものをかたみ（形見）というのはこの花筐の故事に由来するという。

越前市池泉町の味真野神社は継体天皇を主祭神としており、その境内には「継体天皇御宮跡」と「謡曲花筐発祥之地」の石碑があることで知られている。

『花筐』は古代からの伝承に基づくというより、本領に妻を置いて在京した守護の思いを継体に投影してつくられた内容のように思われる。ちなみに李夫人は漢武帝に寵愛されながら早世し、その死後も武帝に追慕され続けていたという女性である。表向きの筋書きはハッピーエンドの『花筐』だが、李夫人の故事の引用は照日前の狂死と、死後の再会を暗示しているのかもしれない。

用明天皇《ようめい》――31代／585～587年

▼聖徳太子の父

在位は短いが伝説では大活躍

用明天皇の在位は585年秋から587年春までの2年にも満たない期間であった。その和風諡号は『古事記』では「橘豊日命《たちばなのとよひ》」、『日本書紀』では「橘豊日天皇」と表記もほぼ一致している。正史『日本書紀』は即位前の用明について特に記すことはない。また、天皇としても目立った事蹟はない。

ところが伝説の世界において、即位前の彼は日本列島の東西、現宮城県と現大分県で活躍していたことになっている。

宮城県大河原町にある大高山神社は白鳥明神、大鷹神社ともいい、敏達《びだつ》天皇（30代）元年（572）創建という由緒を有している。その祭神は日本武尊（ヤマトタケル）と橘豊日尊（用明天皇）とされる。用明を祀る由来は、即位前の用明が東国を治めるためにこの地に逗留《とうりゅう》したことがあったからだという。

仙台領主・伊達《だて》綱村《つなむら》の命で編纂された地誌『奥羽観蹟聞老志《かんせきもんろうし》』（1719年成立）の巻4は次のように伝える。

用明は奥羽で玉寄姫《たまよりひめ》（玉倚姫）という后《きさき》を迎えたが、その姫の夢に白鳥が腹中に入った。姫は懐妊し、たいそう美しい男の子を産んだ。用明は、白鳥明神（ヤマトタケル）が人の体を得たと言ってその子をかわいがった。

用明は都に帰るとき、姫とわが子を迎えに来ることを約束したが、3年でその音信が途絶えた。姫はやがて病を得た。乳母は両親の再会を祈って神の申し子を川へと投げ込んだところ、その子は白鳥と化して飛び去った。やがて姫も乳母もこの世を去った。

姫の墓に植えられた木にはつねに白鳥がとまって鳴いていた。この話が都に伝わると姫の死を知って悲しんだ帝（用明）は勅使《ちょくし》を送って墓の前で弔辞《ちょうじ》を読ませた。やがて白鳥はその木から飛び去った。用明はその地に白鷹宮を建てることを命じた。それが大高宮である。

豊後国《ぶんごのくに》（現大分県中南部）での用明の事蹟については、大分県や山口県において、地誌や神社・

寺院などの記録という形でさまざまな伝説として残っている。

『明治神社誌料』は現大分市大在地区の住吉神社について、用明が即位前、お忍びで豊後に来て佐井郷（現大在地区）に逗留した際、海面が光り輝き、その空中に住吉大神が現れて「吾を佐井郷に斎《いつ》きまつるべし」と告げたことにより建てられたと記す。

『防長風土注進案』（1842年成立、現山口県萩市の地誌）によると、豊後国の満能《まんのう》長者の娘、玉誉姫が用明天皇のもとに入内《じゅだい》することになった。しかし、姫を乗せた船が周防《すおう》国で停泊中に潮に巻き込まれて沈みそうになったため、姫は海神にわが身を捧げようと身を投げてしまった。天皇はその死を悼《いた》み般若皇后という号を与えたという。

山口県平生町の教育委員会では、地元の寺院の記録に残る般若皇后と用明天皇に関する伝説をまとめ『般若姫物語』（1990）として刊行したことがある。それには若君（即位前の用明）は山路と名乗って真野長者（満能長者）の下で牛飼いとして仕えていたこと、般若皇后が遭難《そうなん》する前に若君との間に玉絵姫という娘をもうけていたことなどが記されていた。

よく似た二つの伝説

ところで宮城県の伝説に出てくる用明の后・玉寄姫と般若皇后伝説での用明の娘・玉絵姫の名前はよく似ている。それというのも、この両者は同じ話が原型となっているからである。

室町時代に流行った幸若舞《こうわかまい》（舞をともなう語り物）の一つに『烏帽子折《えぼしおり》』がある。『烏帽子折』

は牛若丸（源義経《みなもとのよしつね》）の奥州《おうしゅう》入りを語るものだが、その中で牛若丸の笛が発端となり、その昔、豊後国にいた笛の名手・山路《さんろ》にまつわる劇中劇が語られる個所がある。

山路は豊後国の真野長者夫妻に3年仕えたが、その素性《すじょう》は長者の娘・玉世姫の美しさを噂に聞いた皇子（のちの用明）が身をやつしたものだった。長者夫妻の前に正体を見あらわした皇子は、玉世姫をもらい受けて皇后に迎えた。この2人の間に生まれたのが聖徳太子だった。玉世姫は聖《しょう》観音《かんのん》、用明は阿弥陀如来《あみだにょらい》、聖徳太子は救世《ぐぜ》観音の化身であったという。

幸若舞『烏帽子折』の内容は御伽草子の形でも流布した。特に有名なのは京都大学蔵の奈良絵《ならえ》本《ほん》（室町時代末期～江戸時代初期に奈良でつくられた彩色の御伽草子）『烏帽子折草紙』である。さらには『京太郎物語』『真野長者物語』など用明と玉世姫の話だけを独立させた御伽草子もつくられた（徳田和夫『お伽草子事典』２００２）。

一方、用明と玉世姫の伝説は浄瑠璃の題材ともなった。近松門左衛門『用明天王職人鑑《かがみ》』（１７０５年初演）は即位前の用明（作中での名は花人親王）と架空の悪役である山彦皇子との位争いに、花人親王と玉世姫の恋をからめたものである。

表題の「職人鑑」というのは作中で花人親王が帝（敏達）に進言して職人たちに位を与えたというくだりによるものである（近世、用明の子である聖徳太子が職人の守護神とされたことを踏まえている）。

つまりは大高山神社の由緒も般若皇后伝説も、用明と玉世姫の話の焼き直しなのである。大高山神社の由緒での玉寄姫が玉世姫に基づくことは明らかである。用明の子が白鳥明神の申し子とされるのは仲哀天王の皇子でついに皇位につくことはなかったヤマトタケルと『日本書紀』でついに皇位につかなかったとされる聖徳太子を重ねたものだろう。

『日本書紀』では聖徳太子の母は欽明《きんめい》天皇（29代）の娘で用明の皇后である穴穂部間人皇女《あなほべのはしひとのひめみこ》とされており、豊後の真野長者の娘とは明らかに別人である。そこで真野長者の娘の子は聖徳太子とは別人の娘であるとして、その姫に玉世姫に似た名を与えたのが般若皇后伝説だろう。

用明自身に目立った事蹟はないとしても、その子の聖徳太子は日本史における一大偉人とされている。そこで聖徳太子の出生を荘厳《しょうごん》するためのロマンスとして若き日の用明の話が演劇の中で生まれ、そこからさまざまな伝説が派生したと考えられるわけである。

玉世姫の名はタマヨリヒメ（玉依姫）に由来するものだろう。タマヨリヒメは日本の神話や社寺縁起にしばしば登場する名だが、その本来の意味はタマ（魂・神霊）をわが身に依《よ》りつかせる巫女であり、そのタマをわが子として産む聖なる母であった。

聖徳太子のような聖人が生まれるためには、その母は聖なる母としてのタマヨリヒメでなければならないとの観念から、聖徳太子の父である用明とタマヨリヒメの婚姻の物語が生じたものと思われる。

日朝で共通する真野長者伝説

なお、真野長者は、四国八十八番札所第52番、瀧雲山護持院太山寺《たいさん》（愛媛県松山市）や満月寺（現大分県臼杵市《うすき》）の開山に関わったという伝承もある。満月寺は古代石造物として国宝にもなっている臼杵石仏群を守護する寺院である。

たとえば文政《ぶんせい》年間（1818～1830）に書かれた地誌『伊予古蹟志』（野田石陽《のだせきよう》著）では、真野長者が伊予沖で海難にあったとき、不思議な光に導かれてたどり着いたところに祠《ほこら》を建てたのがのちの太山寺だという。

また、豊後国の名僧たちの伝記『豊鐘善鳴録』（僧彦契著、1750年完成）によると真野長者が天台山《てんだいさん》（現中華人民共和国浙江《せっこう》省天台県）に黄金を寄進したため、百済《くだら》の僧・蓮浄が真野長者を訪ねて来日した。長者は蓮浄を開山の師として豊後の満月寺と伊予の太寺山の二寺院を建てたという。

真野長者の富の由来は炭焼小五郎譚として説明される場合もある（たとえば前掲『般若姫物語』）。炭焼小五郎譚とはこのような形式の説話である。

都の姫を嫁にもらった貧しい男が姫から黄金を渡されるが、その値打ちがわからずに捨ててしまう。姫は男の無知に呆れるが男はあんな石ころならこの山にいくらでもあるという。姫が男に黄金の使い道を教えて以来、夫婦は長者となったという。

炭焼小五郎譚は、朝鮮半島では百済の武王（在位600～641）を説明する説話として伝わっている。『三国遺事《さんごくいじ》』（13世紀に高麗の僧・一然《いちねん》が著した朝鮮半島史）巻2では、武王の出自に関する異伝として、彼はもともと薯童（芋小僧）という貧しい男だったが新羅《しらぎ》の姫と通じて百済に移住し、そこで黄金を得て王位についたという。

朝鮮半島・三国時代の正史『三国史記《さんごくしき》』では武王の出自ははっきりしており、史実として武王が新羅から来たということはありえないが、これは日本列島と朝鮮半島に共通の形式の説話が伝わっていたことを示している。そのため、真野長者は実在の百済系渡来人で臼杵石仏群などの建造者であり、後世、その出自が百済・武王のものと同じ説話で説明されたという説も唱えられている（金賛會「日韓文化の比較――大分県の「真名野長者物語」と韓国の「薯童物語」」『古代朝鮮文化を考える』創立20周年記念号・2005）。

とはいえ、実際の流れとしては大分県や愛媛県で古代寺院の建造に関わった実際の勢力に関する記録が失われた後に、その縁起を説明するために真野長者伝説がつくられ、そこから即位前の用明にまつわる話も派生していったと考えるのが妥当だろう。

隋との国交を開いたのは用明？

さて、用明は中華の正史においては日中国交における重要人物として記録されていた。『新唐《しんとう》書《じょ》』東夷伝日本条には「初主天御中主」（『古事記』で天地の始祖神とされるアメノミナカヌシのこと）から始まる歴代天皇の系譜が記されているが、その用明のくだりには次のようにある。

「曰目多利思比孤、直隋開皇末、始中国通」（「目」は「自」の誤り）

つまり、用明は、自らタリシヒコと名乗り、隋《ずい》の開皇年間（581～600）の末年に日本の天皇としては初めて中華との間に国交を開いたというわけである。

『隋書《ずいしょ》』東夷伝倭国条には「多利思北孤」という倭王が開皇20年（600）、大業3年（607）、大業4年（608）の3回にわたって隋に使者を派遣したと記されており、そのうち、607年と608年については『日本書紀』に推古《すいこ》天皇（33代）の御世のこととして対応記事がある。

また、『隋書』は、608年に隋の方からも倭国の情勢を探るために使者を派遣したとして、その使者が倭王すなわち「多利思北孤」と会見したことが記されている（『日本書紀』にもこの年に中華からの使者を歓迎した記事がある）。古刊本での「北」と「比」は間違いやすい字なので、『隋書』の「多利思北孤」が『新唐書』の「多利思比孤」と同じタリシヒコであることは間違いない。

さて、用明の崩御は587年のことである。この時期の『日本書紀』の年紀に大きな間違いはないと思われるので、その用明が600年に隋へと使者を派遣したり、608年に隋からの使者を迎えたりはできようはずもない。

『新唐書』の撰者である宋の史家・宋祁《そうき》（998～1061）はなぜ倭王タリシヒコを用明のことだと思ってしまったのだろうか。

その謎を解く鍵は、宋の正史である『宋史《そうし》』の外国伝日本国条にあった。『宋史』は奝然《ちょうねん》という日本からの留学僧が『日本国王年代記』という書物をもたらしたことを記し、その抜粋を引用している。その内容を『新唐書』の記述と比較すると、『新唐書』東夷伝日本条での歴代天皇系譜の資料に『日本国王年代記』が使われていたことは明らかなのだが、その用明のくだりには次のようにある。

「用明天皇、有子、曰聖徳太子。（中略）当此土隋開皇中。遣使泛海、至中国求法華経」

すなわち、用明の子である聖徳太子が開皇年間に隋へと海を越えての使者を派遣し、仏教経典の法華経を求めさせたというのである。

奝然は日本側の記録から現奈良市の東大寺の僧であることや生没年（938～1016）まで判明しており、実在の人物であることは確かである。彼が宋にもたらした『日本国王年代記』は仏教の影響が強い文献だったようで、聖徳太子の遣使の目的を教典入手のためとしているのはそのせいだろうが、隋と国交を結んだ人物が聖徳太子であるとの認識は妥当だろう。

ちなみに私は、タリシヒコの正体は聖徳太子（と後世呼ばれた人物）で、当時の倭国は倭王であるタリシヒコと大王である推古との二重王権だったと考えている（原田実『教養として学んでおきたい女性天皇』2022）。

それはさておき『日本書紀』などを参照できる立場の私たちからすれば、聖徳太子による遣使が用明崩御後のことだったことは自明である。しかし、その基礎知識なしで『日本国王年代記』に接すると、聖徳太子の事蹟は父である用明の存命中だったように読めてしまう。聖徳太子は文面上あくまで「太子」（皇太子）だから、彼自身が「王」ということはありえないというわけで、倭王タリシヒコすなわち聖徳太子の父で「天皇」たる用明という図式ができてしまうわけである。つまるところ、日本における即位前の用明に関する伝説も、中華の正史における隋との国交記事も、用明が聖徳太子の父だったからこそ生じたものだったということになる。彼は結局、聖徳太子の父以上の属性を持ちえなかったのかもしれない。

皇極《こうぎょく》・斉明《さいめい》天皇――35代／642〜645年　37代／655〜661年

▼鬼神に滅ぼされた巫女天皇

雨を降らせた巫女の能力

天豊財重日足姫《あめとよたからいかしひたらしひめ》天皇こと宝皇女《たからのおうじょ》は敏達《びだつ》天皇（30代）の孫で舒明《じょめい》天皇（34代、在位629〜641）の皇后だった（宝皇女の父は舒明の異母兄なので、舒明とは叔父と姪の関係でもある）。彼女は重《ちょう》祚《そ》したため、皇極天皇（在位642〜645）と斉明天皇（655〜661）という2つの漢風諡号を持っている。

『日本書紀』によると、皇極が即位したその年には旱魃《かんばつ》が起きたため、各地で雨乞いの儀式がおこなわれたという。

「村々の祝部《はふりべ》（神官）の所教のままに、あるいは牛馬を殺して諸の社の神を祭る。あるいはしきりに市を移す。あるいは河伯《かはく》を祈る。すでにしるしなし」

牛や馬を生贄《いけにえ》にして神を祭る、市場の場所を移動させる、河伯（本来は黄河の水神、この場合は川の神）に祈りを捧げるなどは、いずれも中国の道教における儀礼である。

しかし、道教による雨乞いは一切効果がなかった。大臣・蘇我蝦夷《そがのえみし》は、仏教寺院で教典を読ませることで雨を祈ろうと提案した。

蝦夷の命により、百済大寺《くだらのおおでら》（現奈良市・大安寺《だいあん》の前身）の庭に仏や菩薩、四天王の像が並べられて荘厳《しょうごん》され、集められた僧が一斉に『大雲経《だいうん》』（竜神を招いて雨を降らせる功徳があるとされた経典）を読む中、蘇我蝦夷自身も香炉を手にして香を焚きつつ雨を祈った。

この祈りが通じたのか、翌日には小雨が降ったがそれ以上の効はなく、僧たちも雨乞いの経を読むのを止めた。

皇極は南淵（現奈良県高市郡明日香村稲淵《いなぶち》）の川上でひざまずいて東西南北の四方を拝み、さらに天を仰いで雨を乞うた。するとたちまち雷が鳴って大雨が降り始め、5日にわたって大地をうるおした。天下の人々はみな喜び、皇極のことを「至徳天皇」と讃えたという。

これは民間の道教に対する蘇我氏の仏教、蘇我氏の仏教に対する天皇の祭祀の優位を伝える説話である。さらにこの説話は皇極がすぐれた巫女《みこ》とみなされており、その即位も巫女としての権能に期待されてのものだったことを示している（原田実『教養として学んでおきたい女性天皇』2022）。

土木工事好きの斉明

645年、中大兄皇子《なかのおおえのおうじ》による蘇我入鹿《いるか》の暗殺、すなわち乙巳《いっし》の変が起き、皇極は弟に皇位を譲った。すなわち孝徳《こうとく》天皇（36代、在位645〜654）である。

654年（白雉《はくち》5）秋10月、難波に残っていた孝徳は危篤《きとく》に陥り、宝皇女、中大兄皇子、間人《はしひと》皇后ら皇族たちは難波に赴いてその臨終に立ち会った。孝徳崩御とともに宝皇女はふたたび即位した。後世、重祚後の彼女は斉明天皇と諡《おくりな》されている。

斉明の治世の特徴といえば、まず挙げられるべきは大規模な土木工事である。『日本書紀』は彼女が皇極天皇として即位したその年にも、大寺院と宮室を建てるという詔《みことのり》を発布して諸国より木材と工人とを集めさせたことを記している。

斉明は新たな宮を建てる場所を探し求め、岡本（現奈良県高市郡明日香村岡）にいったん宮室を置いた（後飛鳥岡本宮《のちのあすかのおかもとのみや》）。

さらに斉明は飛鳥を見下ろす田身峰《たむのみね》（多武峰《とうのみね》、奈良県桜井市）の山並みに冠をかぶせたように石垣をめぐらせ、山頂の二本の槻樹《つきのき》（けやき）のそばに観（物見台）を建てて「両槻宮《ふたつきのみや》」あるいは「天宮《あまつみや》」と名付けた。

また、大和三山の香具《かぐ》山（奈良県橿原市南浦町）から石上《いそかみ》山（現奈良県天理市石上町）まで水路を掘らせ、２００艘《そう》もの舟を浮かべて石上山の石を飛鳥まで運ばせたという。

現在ではすでに現地での考古学的調査により、天理市方面から古代飛鳥の石造物に使われていたことが判明しており、この大土木工事が実際におこなわれていたことはほぼ裏付けられている（直木孝次郎・鈴木重治『飛鳥池遺跡と亀形石』２００１、鶴井忠義著・奈良の古代文化研究会編『斉明女帝と狂心渠』２０１２、ほか）。

『日本書紀』はこの大土木工事の記事に続いて、当時の人々が「狂心渠《たぶれごころのみぞ》」と呼び、水路をつくるのに3万人以上、石垣をつくるのに7万人以上もの工夫を動員してただ山を荒らしているだけだ、と謗《そし》っていたとする。

また、斉明天皇5年（６５９）３月には甘橿丘《あまかしのおか》（現明日香村豊浦）の東麓の川原で陸奥《むつ》と越《こし》（北陸）の蝦夷を歓待するために、翌6年（６６０）６月には石上池（現奈良県天理市石上町の大将軍池）で粛慎《しゅくしん》（本来は古代満洲《まんしゅう》にいた狩猟民族、ここではおそらく現北海道にいたアイヌの先祖）を歓待するために、それぞれ須弥山《しゅみせん》を築かせたという。

須弥山とは、仏教宇宙観で世界の中心にそびえたつ高山である。斉明は北方の異民族に倭国（日本）の国威を示すために、なんらかの石造物を準備したのだろう。通説ではこの須弥山は明治35年に石神《いしがみ》遺跡（現明日香村飛鳥）で出土した高さ２４０センチほどの噴水施設、もしくはその類似品であろうとされている。

斉明の土木工事好きを祆教《けんきょう》（イランから唐経由で入ったゾロアスター教）の影響で説明する説もあった。たとえば推理作家の松本清張《まつもとせいちょう》は小説『火の回路』（１９７３〜７４年初出、単行本『火の路』１９７５）で、作中人物の論文という形で斉明が祆教を奉じていたという説を発表した。

清張の問題提示に対してはイラン学専攻の研究者の間からもある程度肯定的な評価がなされた（井本英一『古代の日本とイラン』１９８０、伊藤義教「ペルシア文化渡来考」１９８０）。

また、一方では、斉明は中国伝来の教団道教の寺院を日本に建てようとしたという説もある（福永光司・高橋徹・千田稔『日本の道教遺跡』１９８７）。

祆教説にしろ、教団道教説にしろ、斉明の土木工事好きに何らかの宗教的背景を見出しうるとする点では共通している。

怪事が相次ぐ朝倉宮

さて、６６０年、唐・新羅連合軍による王都占領と義慈王《ぎじ》降伏を以て百済は滅亡した。百済は日本と同盟関係にあったため、その滅亡は鉄素材調達ルートなど倭国が朝鮮半島に有していた利権の喪失を意味した。

斉明は、倭国に滞在していた義慈王の子・扶余豊璋《ふよほうしょう》を擁立し、旧百済領内の反唐勢力と呼応して、百済復興の軍を起こした。

661年（斉明7）5月、斉明は朝倉 橘 広庭 宮《あさくらのたちばなのひろにわのみや》（現福岡県朝倉市）に入り、百済再興の軍を起こす準備に入った。しかし、この宮ではいきなり建物が壊れたり、宮中に鬼火が現れたり、斉明の近侍の者たちが次々に病に倒れて大勢の死者まで出たりするなど怪事が相次いだ。

朝倉宮は後世、木丸殿《きのまろどの》とも呼ばれた。突貫工事で建てられたため、材木の形を整えるのが間に合わないと丸太のまま使われたからというのだが、歌枕においては「木の丸殿」は「名のり」にかかるとされている。

朝倉や木の丸殿にわがおれば名のりをしつつ行くは誰が子ぞ

（『新古今和歌集』巻17　雑歌　天智《てんじ》天皇御製〔国歌大鑑1689番〕）

この歌は、もともとは神楽歌《かぐらうた》（宮中で儀礼として舞われる御神楽の歌）だったが後世、朝倉宮での天智御製とされたものらしい。鎌倉時代の説話集『十訓抄《じっきんしょう》』では天智御製が九州現地で伝承されていたものが延喜《えんぎ》年間（901～923）に神楽歌を選定する際にとりいれられたものだという。

名のりをするとは自らが何者かを明らかにすることである。ところがこの天智御製とされる歌では、名のりをしているのになお何者かがわからない存在が現れたことが歌われている。木の丸殿、すなわち朝倉宮はそのようなモノが現れる空間として伝承されていたのである（原田実『邪馬台国浪漫譚』２００４）。

朝倉宮に現れる怪異は、次第に斉明その人を追い詰めていったようである。ついには６６１年７月に斉明は崩御した。

８月、斉明の遺体を運ぶ葬列を見下ろす者があった。

「朝倉山の上に、鬼ありて、大笠を着て、喪の儀を臨み観る」（『日本書紀』）

この朝倉山というのは麻氐良布《まてらふ》神社（現福岡県朝倉市杷木志波《はきしわ》）の御神体山とされる麻氐良山のことである。『日本書紀』は、怪異譚を並べることで、斉明は祭祀者として神威を御しきれなかったために鬼神に滅ぼされたことを暗示したものだろう。

そして、これらの怪異譚はまた、斉明自身が鬼神を祀るだけの器量を持たず、神の加護を得られなかったとすることで、この後に続く軍事的失敗という事実を説明するためのものでもあった。

かつて雨乞いで神をも御する力を見せた巫女王は、その神の加護を失うことで最期を迎えた。これが『日本書紀』およびそこから派生した伝承に示された皇極・斉明の軌跡である。

天智《てんじ》天皇——38代／668～671年

▼日本初の「天皇」

なかなか皇位につけなかったクーデター実行犯

藤原定家《ふじわらのていか》撰になる「百人秀歌《ひゃくにんしゅうか》」（「百人一首」の原型）は天智天皇御製から始まっている。その歌は「百人一首」にも踏襲《とうしゅう》されているのでご存じの方も多いだろう。

秋の田のかりほの庵《いお》の苫《とま》をあらみ我が衣手は露にぬれつつ

この歌は『後撰和歌集《ごせんわかしゅう》』に天智御製として掲載されたものだが、実際には『万葉集』巻10で作者不明とされる「秋田刈る仮庵をつくり我がをれば衣手寒く露ぞ置きにける」の改作である。したがって実際には天智御製とは考えられない。

それをあえて御製として伝えたのは、天皇も農民とともに秋（収穫期）の稲田に出て、露に手を濡らしつつ粗末な小屋の手入れをするような長閑《のどか》な世を理想として、天智に仮託したものだろう。

「百人秀歌」の改作「百人一首」は、江戸時代には「かるた」として流布した。天智天皇を祭神とする近江神宮《おうみ》（滋賀県大津市神宮町、１９４０年創基）では「百人一首」と天智の関係にちなんで毎年１月に競技かるた全国大会が開催されている。競技かるたを題材とした漫画『ちはやふる』（末次由紀《すえつぐゆき》作）が映画化されたときには、近江神宮もロケ地の一つとなった。

さて、天智は即位前には中大兄皇子、葛城《かずらき》皇子と称され、和風諡号を天命開別尊《あめみことひらかすわけのみこと》という。母は舒明天皇の皇后で夫の崩御後に自らも即位して皇極天皇（在位６４２〜６４５）、さらに重祚して斉明天皇（在位６５５〜６６１）となった。

皇極朝における中大兄皇子の業績として有名なのは、６４５年に当時の有力者・蘇我入鹿を宮中で暗殺したクーデター・乙巳の変である（昔の歴史教科書では大化の改新と書かれたこともあるが、大化改新は乙巳の変後の政治改革のことで本来は別の事柄）。

しかし、乙巳の変の後、中大兄は長らく皇位につくことができなかった。退位した皇極に代わって即位したのは皇極の弟、中大兄にとっては叔父にあたる孝徳天皇であり、孝徳の崩御後は皇極が重祚して斉明天皇となった。中大兄が政権を得るのは斉明崩御（６６１）の後のことである。

その理由については諸説あるが、つまるところクーデターの実行犯で、清浄たるべき宮中に屍《し》穢《え》（死人が出ることによる穢《けが》れ）を持ちこんだ人物があっさり皇位につくわけにはいかなかったのだろう。なお、『日本書紀』は天智の即位を６６８年のこととするがこれについては後に論じる。

天智は新王朝の創始者か？

660年、朝鮮半島では新羅と唐の連合軍によって百済が滅亡。百済の同盟国だった倭国は百済の残存勢力のために救援軍を送ったが663年に大敗した（白村江《はくそんこう》の戦い）。これにより倭国は朝鮮半島での利権を失った。

斉明の崩御後、事実上の最高権力者となった天智は667年に近江へと遷都（近江京、現滋賀県大津市）し、中央集権国家の建設にとりかかる。

『藤氏家伝《とうしかでん》』大織冠《たいしょくかん》伝は藤原鎌足《かまたり》（大織冠）が天智の命令によって律令《りつりょう》制定をおこなったと記し、律令の注釈書である『弘仁格式《こうにんきゃくしき》』序では天智の近江朝廷で22巻の法令（近江令《おうみりょう》）がつくられたとする。天智の御世には律（刑法）は完成せず、近江令も現存していないが、天智が律令による法治を目指したことは確かだろう。

記紀による限り、初代天皇はあくまで神武である。また先述したように、雄略を伝説の時代と具体的な歴史との結節点にするような歴史観も存在したようである。そして、天智御製とされる歌から始まる「百人秀歌」「百人一首」は天智を起点とする歴史観が存在した可能性を示唆している。

『日本書紀』は神代以来の皇室の系譜の連続性を主張する史書である。皇統がいったん断絶した後に迎えられたとされる仁賢天皇や継体天皇にしても、それ以前の天皇の子孫だと明記することで皇統の連続性は保たれたという体裁になっている。

中華では国家の君主は超自然的な天によって統治せよという命を受けた存在だから、天がそれまでの天子の家系と別の者に新たに命を下せば君主の家系は入れ替わりうるという「革命」の思想があった。もちろんこれは新たに君主になろうとする者がそれまでの君主から国を奪ったり、その一族を滅ぼしたりということが繰り返されてきた現実を説明するためのものであり、中華以外でも朝鮮半島や琉球など東アジアの各地域では王統の交代があるたびにその正当化に革命思想が持ち出されていた。『日本書紀』が皇統の連続性を主張するということは、日本においては「革命」はなかったと主張しているということでもある。

ところがその『日本書紀』の天智天皇7年秋7月には次のような記述がある。


「時の人の曰はく　天皇天命将《まさ》に及ばんとす」（時人曰　天皇天命将及）

天智はこの年の1月に即位している。「天命将及」という記述の重要性を指摘したのは在野の古代史研究家・中村幸雄氏だった。中村氏は岩波の日本古典文学大系『日本書紀』下の註に「『天命将及』は中国で王朝交代の意」とあるのを引用し、『日本書紀』は天智を新王朝の創始者とみなしているとしたのである。天智の和風諡号「天命開別尊」自体、天命を受けて新たな王朝を開いたという意味に解釈できる（中村幸雄「誤読されていた日本書紀」『市民の古代』第7集、198

5)。

ただし、中村氏は天智による王朝交代とは、百済滅亡とともに衰微した九州王朝に代わって近畿に日本列島を代表する政権を建てたことだとするが、その前提となる九州王朝説が成り立たないことは拙著『トンデモ日本史の真相：史跡お宝編』（2011）にくわしい。

「不改常典」の謎

また、天智をめぐっては「不改常典《ふかいのじょうてん》」（決して変えてはならない制度）の謎もある。

『続《しょく》日本紀』では、元明《げんめい》天皇（43代）即位の詔勅、聖武《しょうむ》天皇（45代）即位の詔勅、聖武天皇が孝《こう》謙《けん》天皇（46代）に譲位する際の詔勅に「近江大津宮御宇大倭根子天皇」（近江の大津宮に御宇〔あめのしたしろしめ〕しし大倭根子天 皇《おおやまとねこのすめらみこと》〔天智〕）が定めた「不改常典」に基づいて即位したという文面が出てくる。その後の天皇もしばしば、自分は天智が定めた法に基づいて即位した旨の詔勅を発していた。

ところが『日本書紀』には天智が皇位継承について制度を定めたという記述はない。そのため「不改常典」の具体的な内容は不明ということで、日本古代史学界でも難解な用語の一つとされている。

ともあれ、8世紀には天智が皇位継承に関する重大な制度を設けたという認識が定着しており、のちの天皇たちもそれを意識していたことがうかがえる。

天武より後の歴代天皇はことごとく何らかの形で天智の血を引いている。天武にしても、形式上は兄である天智から皇位を受け継いだという形をとっていた。その意味では天智がのちの皇室の共通の祖であることは間違いない。

「天皇」「日本」を初めて制定した？

さて、天智にもたらされた「天命」、天智が定めた「不改常典」とは実のところ何だったのだろうか。

「天皇」という称号、「日本」という国号は、日本列島に広域国家が形成された当時からあったものではない。「倭の五王」の対外的称号は「倭王」であり、その国内的な称号は「治天下《あめのしたしろしめす》大王《おおきみ》」だった。

いまのところ「天皇」の確かな用例で最古のものは、飛鳥池工房遺跡《あすかいけこうぼういせき》（奈良県明日香村）の木簡で天武朝のものと推定されている。

国号について中国正史『旧唐書《くとうじょ》』と『新唐書《しんとうじょ》』はそれぞれ次のように記す。

日本国は倭国の別種である。その国は日の出の方にあるので日本と名付けた。（日本人は）また倭国の名が雅ではないので日本と改名したという。また日本はかつて小さな国だったが倭国の地を併合したのだという。（『旧唐書』東夷伝・倭国日本条）

（日本人が漢字を学んでから）倭という国名を嫌って、日本を国号とした。日本国からの使者が自ら言うには国が日の出る所に近いのでそう名乗ることにした。また、日本は小さい国だったが倭国に併合され、倭国がその国号を採用したともいう。（『新唐書』東夷伝・日本条）

『旧唐書』は日本が倭国を併合したという伝聞を記すのに対し、『新唐書』の伝聞では倭国が日本を併合したとあって内容は正反対である。『旧唐書』『新唐書』とも日本人の国号に関する説明は信用できないとするが、それは国号変更に至る事情が複雑で、日本人がうまく説明できなかった結果だろう。

では、「天皇」「日本」はいつから始まったのか。『日本書紀』は前7世紀に設定された神武の時代からすでに「天皇」「日本」が用いられていたという建前だからそれらの制定に関する記述はない。現在の通説では「天皇」「日本」とも天武朝の制定とされている。

しかし、河内《こうち》春人《はるひと》氏は君主号の変更やその前提となる君主の地位に関するイデオロギー的変革には儀礼を伴うはずだが、『日本書紀』には天武朝についてそのような記事は認められないとする。それに対して天智朝には、661年からすでに君主としての地位にあったはずの天智が、668年にあらためて天皇に即位したという記事がある。これこそ事実上の「天皇号」制定記事ではないかというのである（河内春人『日本古代君主号の研究』2015）。

「天皇」「日本」が制定されるにあたっては何らかの形で正式に成文化される必要がある。たとえば近現代の憲法において『大日本帝国憲法』『日本国憲法』ともその表題でそれぞれ「大日本帝国」「日本国」という国号を明示しており、ともに第一章は「天皇」という称号とその地位に関する説明となっている。

そして天智朝において日本初の律令法が不完全な形とはいえ作成されたとすれば、「天皇」「日本」もその中で制定されたと考えるのが妥当ではないか。

先述の「不改常典」についても天智が近江令で定めた即位に関する手続きを意味するという説があり、私もそれを支持するものである（原田実『教養として学んでおきたい女性天皇』、2022）。『日本書紀』は近江令の改正と見られる飛鳥浄御原令《あすかきよみはらりょう》の制定について記すが、近江令に関する記述はない。そのため近江令の実在を疑う説さえある。

しかし、近江令が「天皇」「日本」及び皇位継承のルールを最初に明確化したものだとすれば、それらが神武の頃から揃っていたとする『日本書紀』が近江令を黙殺したのも理解できる。

近江に都があったときに倭国が「日本」に国号を変更し、壬申《じんしん》の乱で天武・持統《じとう》が「日本」国号を継承しながら近江朝廷を倒して大和に王権を戻したとすれば、近江（倭国）を大和（日本）が併合したという解釈と、近江（日本）を大和（倭国）が併合して国号を引き継いだという解釈はともに成り立つことになる。『旧唐書』と『新唐書』の国号変更記事に関する表面上の矛盾はこれで解消できることになる。

天智天皇、彼こそは「日本」における最初の「天皇」だった。『日本書紀』はその事実を隠蔽しつつ「天命将及」の一言で、王朝交代にも匹敵する大事件が天智の御世にあったことを暗示したのである。

ところで天智の名を表題とする古典文芸には、近松門左衛門の浄瑠璃『天智天皇』（１６８９年または１６９２年初演）がある。その中では、百人一首の天智御製は、皇位をうかがう逆目の王子（蘇我入鹿がモデルか）に志賀の都（近江京）を追われた母・斉明天皇を葛城王子（のちの天智）があばら家に匿《かくま》った際の歌とされている。

弘文天皇《こうぶん》――39代／671～672年

▼非業の死を遂げず落ち延びた？

壬申の乱発生時、天皇は誰だったか？

天智崩御後の６７２年夏、天智の弟・大海人皇子《おおあまのおうじ》（のちの天武天皇）は兵を集め、近江京を攻めた。天智の子である大友皇子《おおとも》は近江京を守り切れずに自決、重臣たちも次々に戦死や自決、あるいは降伏後に流刑の憂き目にあう。これが世にいう壬申の乱である。

ちなみに天智の娘で大海人皇子の妻となっていた鸕野讃良《うののさらら》皇女（のちの持統天皇〔41代〕）は軍議にも参加し、近江京を攻める夫のために策をめぐらせたとされる。つまり大友皇子は叔父と姉によって自死に追い込まれたわけである。

さて、壬申の乱が起きた時点での天皇が誰だったのか、その問いに答えることは難しい。というのも『日本書紀』の壬申の乱記事では、即位前の大海人皇子がすでに「天皇」と記されているからである。

壬申の乱当時の近江京の天皇については、大友皇子が即位していたという説と天智の皇后で皇族でもある倭姫王《やまとのひめおおきみ》が女性天皇として即位していたという説がある。しかし、そのどちらとしても『日本書紀』は書くわけにはいかなかった。近江京に天皇がいたなら天武と持統はその天皇に弓引く謀反《むほん》人だったことになってしまう。

そこで『日本書紀』編者は壬申の乱の時点から大海人を「天皇」として描くことで、文面上は天皇が近江京での謀反を鎮《しず》めたという形式を整えようとしたからである。

大友皇子が実際には天皇だったかどうか、学問上の結論は出ないにしても、1870年（明治3）、新政府は大友皇子に「弘文天皇」という諡号《しごう》を与えることでこの問題に政治上の決着をもたらした。

各地が弘文天皇陵に名乗りをあげる

『日本書紀』は弘文の最期について「山前に隠れて自ら縊《くび》れぬ」と記す。この「山前」については大阪府説や京都府説もあるが、現滋賀県大津市の長等《ながら》山とする説が有力である。また、彼の首は大海人の本陣が置かれていた美濃国不破宮《みのふわ》（現岐阜県不破郡関ケ原町）でさらされたという。

非業の死を遂げたために、弘文の墓所は史書には明確に記されるところはなかった。明治政府は1877年（明治10）に長等山近くの園城寺亀丘古墳（長等山前陵《ながらやまさきのみささぎ》）を弘文天皇陵に指定したが、滋賀県大津市内にも近江神宮近くの皇子山《おうじやま》古墳など複数の候補地があり、首がさらされたという関ケ原町にも伝承地があり、という具合で各地が弘文天皇陵に名乗りをあげていた。

さらに話を混乱させたのは、弘文が近江では死なず東国に落ち延びたという伝説が根強くあったことである。そこで弘文天皇陵の候補地争いには、滋賀県よりも東方の三重県、愛知県、神奈川県、千葉県などの伝説地も参戦することになった。

東方からの弘文天皇陵争い参加でもっとも熱心だったのは、千葉県の旧久留里《くるり》藩（現千葉県君津市久留里）に属する小櫃《おびつ》地区（現千葉県君津市内）だった。

君津市鹿野《かのう》山の東北にあたる小櫃地区には壬申山、王山、王守原、天皇原、天皇前など壬申の乱や皇室とのつながりを連想させる地名が多いという。その地域内にある俵田の白山《はくさん》神社には弘文天皇（大友皇子）が祀られており、その背後の古墳群の一つには弘文天皇の御陵があるという。

現在語られている地元の伝説では、大海人の大軍を前に弘文の身代わりとして自決した長谷川紀伊という人物の雄姿や、いったんは災禍《さいか》を逃れながらも自決の道を選んだ弘文の官女たちの悲劇が語られている。弘文が館を脱出する際に供の者に背負われて渡った川が王守川、身代わりの長谷川紀伊が割腹したところが御腹川、自決した官女たち12人を祀ったのが十二所神社と、現地の地名は弘文をめぐる物語と密接に結びついているというのだ。

そもそも「小櫃」という地名自体、大海人が弘文の首級を小さな櫃に収めてこの地に葬《ほうむ》ったことからきたのだという（今野信雄「多くの潜行史跡を遺す上総王朝の主大友皇子の行跡」『別冊歴史読本・不思議ニッポンミステリー読本』１９９２年4月）。

大友皇子が弘文天皇として正式に歴代天皇に加えられた際、旧久留里藩士や小櫃地区住人は地元の弘文伝説を歴史として承認するよう運動を起こし、それは明治政府が弘文天皇陵を治定してからも続けられた。

１８９８年（明治31）には日本の考古学・人類学の草分けの一人である東京帝国大学理科大学の八木《やぎ》奘三郎《そうざぶろう》（１８６６～１９４２）を招いて、白山神社裏の古墳の発掘調査がおこなわれた。その結果、推定年代は推古朝以後平安期以前のものということで弘文天皇陵の可能性を否定しないまでも、結論は玉虫色のものとなった。

柳田國男が記した「蘇我殿の田植え」

戦時下の1944年、木更津《きさらづ》市出身の郷土史家・中村翰護による『弘文天皇御陵考証資料』という書籍が刊行される。これはこの地方に伝わる弘文天皇伝説の集大成ともいうべき内容となった。

柳田國男《やなぎたくにお》は千葉県に伝わる大友皇子伝説として「蘇我殿の田植」について記している（柳田國男「日を招く話」『妹の力』1942年所収）。

それは蘇我大炊という現地の豪族が、弘文のために大勢の早乙女たちが一斉に田植えをする様をご覧に入れたというものである。その田植えが終わらないうちに日が暮れかけたので、大炊は扇を振るって日を招き戻した。すると夕日がいったんは戻ったが、やがて黒雲が空を覆い、雷が大炊と早乙女たちを焼き殺してしまった。その日が5月7日だったため、人々は5月7日の田植えを避けるようになったというのである。

このとき、田植えをおこなわせたのは蘇我大炊ではなく蘇我赤兄《あかえ》とし、大勢の早乙女が死んだ土地を「死田」として忌《い》むようになったという話もある（朝里樹監修・氷厘亭氷泉著『日本怪異妖怪事典　関東』2022）。

蘇我赤兄は蘇我入鹿の従兄弟にあたるが、蘇我本宗家が乙巳の変で滅びてからは中大兄皇子側につき、天智朝の功臣として近江朝廷を支えたが、壬申の乱で敗れて流刑に処せられた人物である。『日本書紀』は赤兄の流刑先やその晩年について何も記さない。だからこそ弘文が生き延びていたという伝説でその行き先に付き従う臣下としてふさわしいということになったのだろう。

このような話が伝わったところを見ると小櫃地区の伝説における本来の「大友皇子」は現地に災厄をもたらす迷惑な存在とされていたのかもしれない。ところが大友皇子が「弘文天皇」として名誉回復することにより、伝説の意味は、敗残の天皇に地域の人々が忠節を尽くした物語としてリニューアルされることになる。

なお、東国に弘文伝説が生じた理由としては、氏族形成のときから倭王権の軍事に携わっていた大伴氏《おおともうじ》が、東国経営のために各地に置いた大伴部に由来する地名などが、後世、大友皇子に付会されたという事情があるのかもしれない。

また、千葉県の伝説についていえば蘇我大炊なり蘇我赤兄が登場しているのは、千葉市中央区蘇我の地名に示されるように、房総半島にかつて蘇我氏の勢力がいたことと関連するものであろうか。

宮間純一《みやまじゅんいち》氏は久留里藩が幕末時に徳川方と新政府軍との板挟みになって結局、日和見《ひよりみ》とみなされても仕方ない立場におかれたことを指摘し、弘文天皇陵見直し運動が旧久留里藩士や地域住人たちの連携を維持する要《かなめ》になるとともに自分たちがあくまで「勤皇」であることを示す意義も有していたと指摘している（宮間純一『天皇陵と近代――地域の中の大友皇子伝説』２０１８）。

現実には弘文が東国に落ち延びたとは考えにくいが、少なくとも旧久留里藩では、近代化の過程で伝説を媒介《ばいかい》として天皇と自分たちの間に紐帯《ちゅうたい》を見出そうとした人々がいたのである。

第3章 正史に描かれた天皇——正史はウソもつく

孝謙《こうけん》・称徳《しょうとく》天皇――46代／749～758年 48代／764～770年

▼天武系最後の天皇

藤原仲麻呂と道鏡を重用

孝謙天皇（在位749～758）、重祚《ちょうそ》して称徳（在位764～770）天皇は718年（養老2）、聖武《しょうむ》天皇（45代）と光明《こうみょう》皇后の間に生まれた。その即位前の名を阿倍《あべ》内親王という。

阿倍内親王は738年（天平《てんぴょう》10）、女性ながらも立太子した。日本史上唯一の女性皇太子である。743年（天平15）には、皇太子が宮中での五月節《さつきのせち》（現在の端午《たんご》の節句）で本来は男子の舞である五節舞《ごせちのまい》を披露している。男装での舞は皇太子にとって、自らが男と比べても遜色《そんしょく》ないことを示すパフォーマンスだったのだろう。

天平勝宝《しょうほう》元年（749）、聖武から皇太子への譲位がなされた。このときの聖武の詔勅《しょうちょく》では、聖武自身がかつて「不改常典」に基づいて即位したことが強調され、皇太子への譲位の意志が示されるが、新たな天皇の即位が「不改常典」に基づいているとは明言されていない。当時の律令では、女性の立太子も女性皇太子の即位も可能だったのだが、聖武としては納得しきれないものがあったのかもしれない。

孝謙は即位後、彼女にとって母方の従兄弟にあたる藤原仲麻呂《ふじわらのなかまろ》（のちに改名して藤原恵美押勝《えみのおしかつ》）を重用、軍事と行政に関してその権限を拡大させた。

758年（天平宝字《ほうじ》2）、孝謙は皇太子としていた大炊王《おおい》（のちの淳仁《じゅんにん》天皇）に譲位、翌759年には仲麻呂の勢力の基盤となっていた近江の地に、南の平城京（現奈良県奈良市）に対する北京として、近江に保良宮《ほらのみや》を建設。760年には仲麻呂が人臣としては最高の権威である太師《たいし》（太政《だいじょう》大臣）に就任、この体制は盤石《ばんじゃく》であるかのように思われた。

ちなみに保良宮の所在については東大寺の文書で保良宮建設の時期に瀬田《せた》川近くの石山寺《いしやま》（現滋賀県大津市）の改築がおこなわれていること、やはり東大寺の文書で保良宮のことを「大津宮」と記した用例があること、近江国分寺跡や近江国庁跡などの史跡が瀬田川近辺にあることから、現滋賀県大津市内で瀬田川のほとりとみなす説が有力である。

760年（天平宝字4）、孝謙の母で仲麻呂には叔母にあたる光明皇后が逝去《せいきょ》すると、孝謙と淳仁天皇・仲麻呂の関係は悪化していく。仲麻呂はクーデターを図るも失敗、近江で再起を図るも朝廷の軍の前に敗れ、家族もろとも斬殺《ざんさつ》された。

孝謙は天皇を廃位して淡路《あわじ》に流し（淡路廃帝《はいてい》）、ふたたび皇位についた（称徳天皇）。

称徳の治世においては僧・道鏡《どうきょう》が昇進し、766年（天平神護《じんご》2）には「法王」という位についた。『続日本紀』は法王としての道鏡について「載せるに鸞輿を以てす。衣服・飲食もはら供御になずらふ」（「鸞輿」とは天皇だけが乗ることができる特別な輿《こし》、「供御《くご》」とは天皇への捧げもの）と記している。すなわち道鏡は、朝廷で天皇と同等もしくは天皇に準じる待遇を受けていたのである。

称徳はさらに宇佐八幡宮《うさはちまんぐう》（現大分県宇佐市）の神勅《しんちょく》を得て、道鏡に皇位を譲ろうとした。しかし、神勅確認のために宇佐に派遣された重臣の和気清麻呂《わけのきよまろ》から偽勅だったという報告がなされ、怒った称徳が清麻呂とその姉の和気広虫《ひろむし》を流刑にするという騒動もあった。

称徳の崩御後、清麻呂と広虫は平城京に帰って名誉を回復、道鏡は法王位を剝奪《はくだつ》されて下野薬師寺《しもつけやくしじ》（現栃木県下野市・国史跡下野薬師寺跡）の別当《べっとう》に左遷《させん》されて余生を過ごした。

正史が描いた「好色な女帝」の裏側

称徳は天武系最後の天皇となり、天智天皇の孫にあたる白壁王《しらかべ》が62歳という高齢で皇位に着いた（光仁《こうにん》天皇、49代、在位770〜781）。現皇室は光仁天皇の子孫である。

孝謙・称徳天皇は後世、好色な女帝として伝承され、道鏡についても巨根という話がつきまとった。

そもそも正史である『続日本紀』において孝謙と仲麻呂、称徳と道鏡の密通を暗示するような記述を残しているのだから、後世の人がこの皇室スキャンダルに尾ひれをつけないはずもなかった。

平安時代後期の史書『日本紀略《にほんきりゃく》』や鎌倉時代初期成立の鏡物『水鏡』では、称徳の好色につきあいきれなくなった道鏡が張形《はりがた》（男性器を模したつくり物）を献じたところ、壊れたかけらが体内に残ったために女帝は崩御したとされている。

鎌倉時代初期の公卿《くぎょう》・源顕兼《みなもとのあきかね》が編纂したとされる説話集『古事談《こじだん》』もほぼ同様の話を伝えるが、張形については道鏡に飽き足らなくなった称徳が自ら芋（ヤマイモ）を彫ってつくったものだったとされる。

室町時代の類書（事典）『塵嚢鈔《あいのうしょう》』によると、孝謙は、仏教経典に、女人は成仏できないとあることに腹を立て、経で自らの性器をぬぐって捨てた。その仏罰により孝謙の性器は大きく広がってしまったため、勅使を出して自らに見合う男を探させた。勅使が河内の弓削《ゆげ》（現大阪市八尾《やお》市）を通ったとき、仏像に放尿した仏罰でその性器が背負えるほどに大きくなった男を見つけたので宮中に連れてきた。その男が道鏡だったのだという。

江戸時代の川柳でも称徳の好色と道鏡の巨根はよくとりあげられている。

道鏡は座ると膝が三つでき
道鏡に崩御崩御とみことのり
道鏡に根まで入れろとみことのり

近代日本においても称徳が好色だったというイメージは定着しており、道鏡については称徳の寵愛《ちょうあい》をほしいままにして皇位を窺《うかが》った朝敵としての評価が定着していた。

しかし、『続日本紀』は天武系皇統断絶後にその必然性を説明するためにつくられた史書という側面があり、正史であっても、否《いな》、正史だからこそ孝謙・称徳のスキャンダルについては割り引いて考える必要があるだろう。いわんやそのスキャンダルに尾ひれをつけた話においてをや、である。

仏教はもともと出自による差別を否定する教えである。孝謙・称徳の理想が仏教国家建設にあったとすれば、深く帰依する高僧に対し、その出自にかかわらず国の統治を委ねようとしたこと自体はおかしくない。

奇想天外な『本朝水許伝』にも登場

『史記』列伝第25「呂不韋《りょふい》列伝」には秦《しん》始皇帝の母である太后趙姫《ちょうき》が宰相の呂不韋と密通しており、さらに嫪毐《ろうあい》という巨根の男とも通じていたと記す。漫画『キングダム』でもおなじみの話だが、道鏡の巨根伝説は秦の太后を称徳、呂不韋を藤原仲麻呂、嫪毐を道鏡に置き換えて創作した感がある。

戦後になると、戦前の常識だった朝敵としての道鏡像を見直すような試みがなされはじめる。坂口安吾《さかぐちあんご》は「安吾史譚・道鏡童子」（『オール讀物』1952年2月1日号初出）で、称徳も道鏡も真面目すぎて宮中に巣くう陰謀家たちに利用されてしまったという解釈を提示した。

衣笠貞之助《きぬがさていのすけ》監督『妖僧』（１９６３）では市川雷蔵《いちかわらいぞう》を道鏡役に据え、孝謙天皇（演＝藤由紀子）との関係は純愛だったとして、道鏡による行政の改革は若手官僚たちの支持を得るが、宮中の陰謀家たちによってその希望が潰《つい》えてしまうという悲劇を描いた。

現在では『続日本紀』に始まる好色のイメージを逆手に取り、恋愛に恵まれた美女という肯定的な解釈で、称徳を観光宣伝に利用する例もある。

山梨県早川町の奈良田《ならだ》温泉には孝謙天皇行幸伝説が伝わっており、孝謙を祭神にするという奈良法王神社や、伝説にちなんで「女帝の湯」と名付けられた町営の温泉施設がある。とはいえ、これは下野国に流された奈良（平城京）の法王すなわち道鏡に関する伝説が山梨県にも伝わっており、それをさらに道鏡から孝謙にすりかえることで現在の伝説が出来上がったものらしい（原田実『教養として学んでおきたい女性天皇』）。

孝謙・称徳朝を扱った文学作品の中でももっともスケールが大きいのは、江戸時代の国学者・作家の建部綾足《たけべあやたり》による読本《よみほん》で１７７３年（安永《あんえい》２）に前編が出た『本朝水滸伝《ほんちょうすいこでん》』だろう。

中華明代の小説『水滸伝』は悪臣跋扈《ばっこ》する北宋・徽宗《きそう》皇帝の御世に山東省の湖水・梁山泊《りょうざんぱく》に拠った好漢豪傑《ごうけつ》の活躍を描いたものだが、綾足はその舞台を日本に移し、孝謙を徽宗、悪臣を道鏡、梁山泊を琵琶湖、好漢豪傑を恵美押勝や和気清麻呂になぞらえた。

蝦夷地（現北海道）の棟梁《とうりょう》カムイボンデントビカラが海を渡って恵美押勝に参陣したり、極秘帰国した遣唐使・阿倍仲麻呂《あべのなかまろ》にともなわれて楊貴妃《ようきひ》が来日したりと奇想天外な展開だが、刊行されたのは前編のみ、現存する後編の草稿（写本）は未完のままで、現代語訳もないことが惜しまれる。

淳仁天皇《じゅんにん》――47代／758〜764年

▼淡路に流された廃帝の行方

明治になって正式に天皇に認定

淳仁天皇（在位758〜764）は孝謙天皇から位を譲られた大炊王のことである。大炊王は733年（天平5）、天武天皇の子である舎人《とねり》親王と官人の娘である当麻山背《たいまのやましろ》との間に生まれた。藤原仲麻呂の推挙を得て立太子し、758年（天平宝字2）に即位した。

当初は孝謙上皇との関係は良好で近江の保良宮に上皇・天皇とも行幸、滞在したこともある。仲麻呂は曾祖父の鎌足《かまたり》が近江朝廷の重臣だった縁と仲麻呂自身が一時、近江国守を務めていた関係とでこの地に勢力を有していた。この蜜月《みつげつ》が続いていたなら、あるいは保良宮で新たな近江朝廷が開かれていたかもしれない。

しかし、７６４年に藤原仲麻呂が孝謙に対しての叛乱《はんらん》を起こして滅亡する。乱そのものには加担しなかった天皇も、孝謙に疑われて皇位を廃され、淡路島へと流刑になった。

７６５年（天平神護元年）、大炊王は流刑地からの脱走を図るも捕らえられ、その翌日には逝去した。死因は不明だが、おそらくは処刑されたものであろう。

以上が正史『続日本紀』からたどれる大炊王の生涯である。大炊王の墓は現兵庫県南あわじ市賀集《かしゅう》の淡路陵《あわじのみささぎ》に治定されている。７７８年（宝亀《ほうき》９）にこの墓はすでに陵墓の扱いを受けていたが、大炊王本人は長らく歴代天皇に数えられず大友皇子（弘文天皇）が近江廃帝と呼ばれていたのと同様、淡路廃帝と呼ばれていた。

大炊王が正式に歴代天皇に数えられ「淳仁」の諡号を与えられたのはその死から１１０５年後の１８７０年（明治３）のことである。

滋賀のかくれ里に残る淳仁伝説

さて、流刑後の淳仁に関する伝説は、淡路から遠く離れた近江湖北の地にもある。現滋賀県長浜市西浅井町《にしあざいちょう》にある菅浦《すがうら》は、惣村《そうそん》だったという記録が残る地域である。

惣村とは村人の自治組織が行政、経済、宗教行事をとりしきり、帰属する領主の選択までおこなっていた集落のことである。１９７１年（昭和46）に奥琵琶湖《おくびわこ》パークウェイが開通するまで、菅浦と外界の連絡はほぼ琵琶湖の水上交通によってなされており、陸の孤島の感さえあった。さらに中世には、湖岸や背後の山と集落との間に4ヵ所の四足門《よつあしもん》が設けられて、村への人の出入りを監視していた。

村の鎮守《ちんじゅ》の須賀《すが》神社には、惣村としての菅浦の住人たちが残した「菅浦文書《もんじょ》」と総称される古文書群が蔵せられていた（滋賀大学経済学部附属史料館に寄託、国指定重要文化財、一部は国宝）。また、集落沖にある葛籠《つづら》尾《お》崎湖《ざきこ》底《てい》遺跡からは、縄文時代早期（約1万年前）から平安時代後期までのさまざまな時代の土器が見つかっており、この地域に長年にわたる人のいとなみがあったことがうかがえる（『菅浦文書が語る民衆の歴史』長浜市長浜城歴史博物館編・2014）。

その菅浦には淳仁が晩年を過ごしたという伝説がある。須賀神社はかつて保良神社と呼ばれていたが、1910年に周辺の神社を合祀《ごうし》して現在の名になった。その主祭神は淳仁天皇で、旧称の保良神社は菅浦の地こそが淳仁の保良宮であったことに由来したのだという。

膳所《ぜぜ》領主・本多家の命で儒者・寒川辰清《さむかわときよ》が編纂した『近江輿地志略《よちしりゃく》』（1733年＝享保《きょうほう》18年完成）の巻87・浅井郡菅浦村の項には「菅浦大明神社」について次のように説明されている。

「菅浦にあり。相伝廃帝を祭り奉る所也と。」

1915年（大正4）に出された『近江輿地志略』刊本頭注には「村社保良神社　祭神淳仁天皇」とあり、「菅浦大明神社」が現在の須賀神社で18世紀初めにはすでに廃帝（淳仁）を祀ると伝承されていたことは間違いない。

滋賀県神社庁のHPでは、須賀神社の地において「天平宝字3年保良宮が営まれ、同5年より

６年まで淳仁天皇が隠棲《いんせい》されたという」として、『続日本紀』での淡路配流との矛盾はない形で菅浦と淳仁との関係を説明している。

現在の菅浦現地で語られる伝説では、『続日本紀』の「淡路」は「淡海《おうみ》（近江）」の誤りで、淳仁は菅浦の保良宮跡を自ら隠棲地に選んで晩年を過ごしたという。さらにその伝説では、須賀神社本殿背後にある石組「舟形御陵」こそが、真の淳仁天皇陵であるとされている。

偽書ヲシテ文献の主張

近江の神道家・和仁估安聡《わにこやすとし》は１７７９年（安永８）に書き残した「生洲問答」で、淳仁がこの地に隠棲していた事情について次のように説明している。

それによると、舎人親王が編纂した当初の『日本書紀』では「天照皇太神」は男神とされていた。孝謙上皇は弓削道鏡を寵愛し、自分と道鏡との間に子を生《な》してその子に皇位を継がせようと考えた。

そこで邪魔になった天皇を廃位して淡海菅浦へと流し、道鏡を法皇とした。そのうえで『日本書紀』を書き替え皇祖神を女神としたうえで、その女神がスサノオと密通して子を生したことにして自分と道鏡の間の子が皇位につく先例としようとした。

神官の大加茂臣赤坂彦は上皇に諫言《かんげん》したが聞き入れられなかったため自害した。道鏡は赤坂彦の子の世世彦に父の職を継がせた。しかし、世世彦は官職を辞し、廃帝のいる淡海に移住して姓を和仁估と改めた。

世世彦は移住の際に自家の古記録を携えていたが、それを見れば『日本書紀』が道鏡に改竄《かいざん》されたもので真実ではないことがわかるという。

「生洲問答」のこの話で重要なのは、大加茂（和仁估）世世彦の子孫、すなわち安聡自身の家に伝わる古記録によって、『日本書紀』改竄で消された真実が明らかになると主張していることだろう。淳仁の菅浦配流はその枕にすぎない。

和仁估安聡は井保勇之進《いほゆうのしん》、三輪容聡《みわやすとし》とも称していたが、彼は自分の家にヲシテという神代《じんだい》文字で書かれた古代の記録が伝わっていると称し、その伝授をおこなっていた人物である。近年、安聡の手元から流出した『秀真伝』（ホツマツタヱ）、『三笠文』（ミカサフミ）などのヲシテ文献を「記紀以前の書」「日本人の魂を伝える書」などと珍重する人もいる。

そのヲシテ文献には日本神話について記紀と異なる所伝が多々あるが、その特徴のひとつとして、記紀のアマテラスにあたる皇祖神アマテルを12人の后妃を有する男神として描くことがある。「生洲問答」の説明では、記紀のアマテラス女神説は孝謙＝称徳と道鏡による神話改竄の産物で、真実はヲシテ文献の方に伝わっているということになるわけである。

ところで『高島郡誌』（滋賀県高島郡教育会編、１９２７）は滋賀県高島郡における神社由緒偽作の常習者として「井保勇之進」の名を挙げている。実際にはヲシテ文献は江戸時代の偽作であり、真の作者はおそらく安聡自身である。

ヲシテ文献については以下の拙著を参照されたい。

『偽書が描いた日本の超古代史』２０１８年
『天皇即位と超古代史』２０１９年
『偽書が揺るがせた日本史』２０２０年
『疫病・災害と超古代史』２０２０年

じつのところ保良宮は現滋賀県大津市内にあった可能性が高く、交通の便が悪い菅浦に置かれたとは考えにくい。おそらくはもともと菅浦にあった「ほら」という地名から保良宮に付会《ふかい》する説が生まれ、廃帝（淳仁）を祀る保良神社ができたことから淳仁天皇伝説が成長し、和仁估安聡によってヲシテ文献の伝来説明に利用されることにもなったのだろう。

白洲《しらす》正子《まさこ》はエッセイ『かくれ里』で菅浦の淳仁天皇伝説に触れ「人里離れたところに住む人々は、何か心のより所がほしかったのであろうか」「そこには必ず信じるに足るだけの、事実と根拠があったに相違ない」と伝説を残した人々への共感を示している（白洲正子『かくれ里』講談社文芸文庫版・１９９１、白洲正子・光野桃ほか『白洲正子と楽しむ旅』２００３）。

伝説を生みだし、守り続けた人々の中に淳仁への同情の念があったことは間違いあるまい。

コラム　制度としての天皇

天皇大権——天皇の権力は強大か

君主は個人であるとともに、その地位が国家の制度によって規定された存在でもある。日本の律令における天皇の称号は次のように使い分けられたとされる（養老《ようろう》律令の現存文より令の巻7・儀制令第18による）。

天子（祭祀において用いる称号）
天皇（詔書において用いられる称号）
皇帝（華夷《かい》、すなわち中華やその他の異国に対して用いられる称号）
陛下（臣下が上表する際に用いる称号）
太上《だじょう》天皇（譲位した天皇に対して用いられる称号）

この「太上天皇」は中華の律令にない日本独自の制度で、これにより日本の天皇は退位後も在位時と同様の格式を保つことができるようになり、院政を可能ならしめた。

武家政権が独自の法令を次々と作成したこともあり、律令の多くの条文が機能を失って散逸したが、皇室を中心とする官位などの制度は明治初期まで生き続けた。

明治政府は律令に代わるものとして西欧の制度を翻訳しつつ取り入れていき、１８８９年（明治22）に大日本帝国憲法（明治憲法、旧憲法）を公布、翌年にその施行を開始した。

大日本帝国憲法第１章は天皇に関する規定である。

第１章第１条　大日本帝國ハ万世一系ノ天皇之ヲ統治ス

第１章第３条　天皇ハ神聖ニシテ侵スヘカラス

つまり、旧憲法の施行下にあって天皇が神聖とされたのは、まさに旧憲法が制度として天皇は神聖だと定めたからだった。

なお、大日本帝国憲法は天皇主権の立場をとっているが、これは天皇の権力（天皇大権《たいけん》）を無制限に肯定するものではない。大日本帝国憲法が参考にしたプロイセン王国（のちにドイツ帝国の中核となった国家）の法理論では、憲法は権力者を拘束《こうそく》するものだから国民主権では憲法が国民を縛《しば》ることになるとの解釈から、君主を主権者とみなしていたのである。

もっとも、大日本帝国憲法が天皇を大日本帝国の主権者であり、神聖であると定めることができたのは『日本書紀』の神話で、太陽神アマテラスが孫のニニギに、その子孫が代々王としていつまでも「豊葦原千五百秋瑞穂国《とよあしはらのちいおあきのみずほのくに》」を治めていくであろうと宣言したとされていたからである（天壌無窮《てんじょうむきゅう》の神勅《しんちょく》）。

しかし、成文憲法で「天皇」の地位が明記されたということは、「天皇」が国家機構に組み込まれたということである。1935年（昭和10）、東京帝国大学名誉教授・貴族院議員の法学者・美濃部《みのべ》達吉《たつきち》が「天皇は国の最高機関」として内閣に対する天皇大権を説明したところ、この「機関」という言葉が問題視され、美濃部が「天皇を機関車にたとえるとは何事か」という頓珍漢《とんちんかん》な誹謗《ひぼう》まで浴びせられて、議員辞職に追い込まれた「天皇機関説」事件は有名である（さらに美濃部は暴漢に襲われて重傷まで負っている）。

ちなみに、昭和天皇自身は国家における自らの地位を天皇機関説によって理解しており、美濃部の議員辞職を惜《お》しんでいたという。しかし、彼は憲法による天皇大権の制約をも理解しているがゆえに、「天皇機関説」事件で紛糾《ふんきゅう》する議会に直接介入することを慎《つつし》まなければならなかった。

天皇の意志と「生前退位」

終戦後、1946年に公布、1947年に施行された日本国憲法の第1章では天皇の立場は次のように説明されている。

第１章第１条　天皇は、日本国の象徴であり日本国民統合の象徴であつて、この地位は、主権の存する日本国民の総意に基く。

第１章第４条　天皇は、この憲法の定める国事に関する行為のみを行ひ、国政に関する権能を有しない。（以下略）

日本国憲法は国民主権の立場をとるので、天皇大権という概念そのものがない。国民主権の立場をとるなら憲法を制定しうる権力も主権に含まれるので、憲法は主権者である国民が国家権力を制限するためのものになる。

また、日本国憲法第１章第４条により、天皇は国政への権能を有しないので、天皇個人の意志が国の政策や行事に反映されることはないという建前になっている。

だからこそ、現上皇が退位への意志を表明され、さらにそれが実現したということは憲法の根幹にも関わる大事であった。

２０１６年（平成28）８月８日、現上皇がビデオメッセージという形で公表されたおことばは丁寧に言葉を選ばれたものであった。

「即位以来、私は国事行為を行うと共に、日本国憲法下で象徴と位置づけられた天皇の望ましい在り方を、日々模索しつつ過ごして来ました。伝統の継承者として、これを守り続ける責任に深く思いを致し、更に日々新たになる日本と世界の中にあって、日本の皇室が、いかに伝統を現代に生かし、いきいきとして社会に内在し、人々の期待に応えていくかを考えつつ、今日に至っています。」

「私が天皇の位についてから、ほぼ28年、この間《かん》私は、我が国における多くの喜びの時、また悲しみの時を、人々と共に過ごして来ました。私はこれまで天皇の務めとして、何よりもまず国民の安寧と幸せを祈ることを大切に考えて来ましたが、同時に事にあたっては、時として人々の傍らに立ち、その声に耳を傾け、思いに寄り添うことも大切なことと考えて来ました。天皇が象徴であると共に、国民統合の象徴としての役割を果たすためには、天皇が国民に、天皇という象徴の立場への理解を求めると共に、天皇もまた、自らのありように深く心し、国民に対する理解を深め、常に国民と共にある自覚を自らの内に育てる必要を感じて来ました。こうした意味において、日本の各地、とりわけ遠隔の地や島々への旅も、私は天皇の象徴的行為として、大切なものと感じて来ました。皇太子の時代も含め、これまで私が皇后と共に行《おこな》って来たほぼ全国に及ぶ旅は、国内のどこにおいても、その地域を愛し、その共同体を地道に支える市井《しせい》の人々のあることを私に認識させ、私がこの認識をもって、天皇として大切な、国民を思い、国民のために祈るという務めを、人々への深い信頼と敬愛をもってなし得たことは、幸せなことでした。」

「始めにも述べましたように、憲法の下《もと》、天皇は国政に関する権能を有しません。そうした中で、このたび我が国の長い天皇の歴史を改めて振り返りつつ、これからも皇室がどのような時にも国民と共にあり、相たずさえてこの国の未来を築いていけるよう、そして象徴天皇の務めが常に途切れることなく、安定的に続いていくことをひとえに念じ、ここに私の気持ちをお話しいたしました。

国民の理解を得られることを、切に願っています。」

退位という憲法に規定されていない国事をあえておこなおうという意思を表明されながら、それは天皇を「日本国の象徴であり日本国民統合の象徴」とする憲法の精神に従おうとするところから発したものであり、さらに天皇の地位が国民の総意に基づくとされている以上、自分の考えが妥当かどうかについて国民の判断を仰ごうというわけである。

現上皇の判断は世論から好意的に迎えられ、国会で「天皇の退位等に関する皇室典範特例法」を制定するという形で現上皇の意志は尊重された。

なお、通常、天皇が退位し、次の天皇が践祚《せんそ》することは譲位というが、現上皇の場合に関しては「譲位」という語を使うと、ご自身の退位だけではなく皇太子（今上《きんじょう》天皇）の即位にも現上皇の意志が反映したことになってしまうため、特に「生前退位」と言うのが慣例となっている。

律令制定以来、天皇は国家の長として法に規定された役割と個人の意志との関係に心を砕いてきた。現上皇の退位はその最近の事例として挙げることができるだろう。

桓武《かんむ》天皇――50代／781〜806年

▼実弟の怨霊に苦しむ

長岡京遷都をめぐる陰謀

桓武天皇（在位781〜806）は光仁天皇（49代、在位770〜781）を父、百済系渡来人の高野新笠《たかののにいがさ》を母として生を享《う》けた。諱《いみな》を山部《やまべ》という。

光仁こと白壁王《しらかべ》は天智の孫で、天武・持統系の皇統をくむ者ではない。本来なら皇族とはいっても皇位から遠い立場にあったのだが、称徳（48代）で天武・持統系の皇統が途絶えたため、称徳の姉である井上《いのえ》内親王と結婚していた白壁王が群臣の推挙で即位することになったのである。

光仁の即位により、井上は皇后、2人の間の子の他戸《おさべ》王は皇太子となった。

ところが『続日本紀』によると、井上は光仁への呪詛《じゅそ》をおこなったために皇后を廃され、他戸も廃太子となったという。これにより庶子《しょし》だった山部は皇太子となった。

井上はさらに別の皇族を呪詛したとの疑いをかけられて、他戸王とともに庶民に落とされ、2

人同日に死んだ。その最後は自決とも暗殺ともいわれる。井上の呪詛事件の真相は不明だが、その最大の受益者が山部こと桓武であったことは間違いない。

桓武の同母弟には、早くに出家して親王禅師ともいわれた早良《さわら》親王がいた。桓武が即位した際、早良は還俗《げんぞく》して皇太子となった。

桓武は現奈良県の平城京を離れ、山城国《やましろ》（現京都府南部）に遷都する構想を立てていた。784年（延暦《えんりゃく》3）、桓武は長岡京《ながおか》（現京都府向日市・長岡京市方面）を新たに造営した。

ところが785年（延暦4）9月、長岡京造営の責任者である藤原種継《ふじわらのたねつぐ》が弓矢で暗殺された。桓武はこの事件を遷都に反対する勢力の陰謀とみなし、多くの官人を死罪や流刑に処した。首謀者として疑われた中に歌人として有名な大伴家持《おおとものやかもち》もおり、この時点ですでに死去していたが官籍を剥奪されて庶民の扱いとされた。

さらに早良親王もこの事件への関与を疑われ、皇太子を廃されたうえ、流刑に処せられることになった。早良親王は護送中に抗議のため絶食、流刑先に到着する前に逝去した。

桓武は792年（延暦11）、狩猟の名目で山城国をめぐり、新たな都城の建設に着手した。794年（延暦13）、桓武は長岡京の取り壊しを終えて遷都する。すなわち平安京（現京都府京都市）である。

桓武は、天武－持統系の皇統とつながる一切のものを敵視していた感もある。井上・他戸の粛《しゅく》清《せい》はまさにその血統ゆえであった。また、桓武は天武－持統系皇統によって建てられた都である平城京を捨て、新たな都を求めた。

早良も桓武の同母弟とはいえ、天武－持統系の皇統が長らく都とした平城京と縁の深い人物であった。早良が出家した寺は大安《だいあん》寺とも東大寺ともいわれる（牧伸行「東大寺と等定」『佛教大学総合研究所紀要』第3号・1996年3月）。大安寺は聖徳太子創建の百済大寺《くだらのおおでら》を聖武が平城宮に移転した寺院であり、東大寺は聖武勅願による創建である。

早良親王の怨霊を鎮めた秋篠寺

790年（延暦9）、畿内で伝染病（天然痘《てんねんとう》か）が流行した。792（延暦11）6月には暴風雨で長岡京の門が倒壊した。長岡京を放棄してもなお、桓武は早良親王の怨霊《おんりょう》によるものとみなしたらしい。桓武はその後、何度も淡路島に置かれた早良親王の墓に僧を派遣して読経させている。

菅原道真編纂で892年（寛平《かんぴょう》4）完成の史書『類聚国史《るいじゅうこくし》』山陵には、800年（延暦19）、桓武は早良親王を「崇道《すどう》天皇」と追号し、井上内親王に「皇后」の称号を追復して、それぞれの墓を「山陵」としたという記述がある。

正史『日本後紀』は桓武が重い病を得ていた805年（延暦24）4月に諸国に命じて倉を立てさせ、崇道天皇に謝するための供物を治めさせたことが見える。もっとも、桓武は本復することなくその詔《みことのり》を発した直後に崩御した。

鎌倉初期の説話集『古事談《こじだん》』は、早良について次のような説話を伝える。早良は皇太子を廃されるのを防ぐために諸寺院に祈禱《きとう》を命じたが、どの寺も桓武を恐れて引き受けようとしなかった。ただ、秋篠《あきしの》寺の僧・善珠《ぜんじゅ》のみは祈禱を引き受けたうえで、早良の使者に、早良の前世からの宿業《しゅくごう》は逃れえないので悪心を持たぬよう伝えよ、と答えた。

のちに早良の悪霊が桓武にとりついて病を発したとき、早良の霊に法を説いて鎮めたのは善珠だったという。

この顚末《てんまつ》は史実とことなるが、この説話が、秋篠寺により、早良親王の怨霊を鎮めたという「実績」を宣伝するためにつくられ、広められたものであろうことはうかがえる。

秋篠寺は現奈良市秋篠町にあるが、光仁の勅願で桓武が伽藍《がらん》を完成した寺院であり、所在地は平城京から外れている。桓武からすれば秋篠寺は南都の他の大寺と対抗し、南都の親王禅師であった早良を封じるための寺だったと思われる。

また、桓武は平安京の東北・比叡《ひえい》山（滋賀県大津市坂本本町）に一乗止観院《いちじょうしかんいん》（のちの延暦《えんりゃく》寺）を開いた最澄《さいちょう》に帰依し、平城京の大寺と並ぶ日本仏教界のもう一つの中心となることを期待した。東北は日本の陰陽道《おんみょうどう》では悪しきものが入り込む方位（鬼門《きもん》）とみなされている。比叡山は桓武によって配置された平安京の鬼門封じでもあったわけである。

漢字の読み方に残る桓武の改革

ところで、現代の私たちは漢字を音読みする際には通常「漢音」という読み方を用いている。一方で、仏教用語や律令用語、一部の古典を読むときには「呉音」と呼ばれる読み方を用いることもある。

たとえば「利益」は日常用語では「りえき」だが、仏教用語で仏様が与えてくださる恩恵を意味する場合（ご利益）は「りやく」と読む。「律令」は漢音では「りつれい」のはずだが「りつりょう」と読み習わされている。この漢音・呉音の使い分けは、桓武の世に生じたものである。

792年（延暦11）閏《うるう》11月、桓武は詔して、官吏や学生に対し、次のように命じた。

「呉音を習ふべからず」

「漢音を熟習せよ」

呉音とは日本国の前身である倭国の時代に中華南朝から伝わってきた漢字の訓読、漢音はこの時代に遣唐使たちが日本に伝えた新しい漢字の訓読のことである。桓武は漢字の音読みを漢音に統一するよう命じた。しかし、倭国の時代から馴染《なじ》まれてきた仏教用語や律令用語の読みは急に変えることができなかったため、結局いまも残っているわけである。

桓武の一連の改革は、彼が天智系による天武－持統系からの皇統奪還を果たしたということだけでなく、彼の母方が渡来系ということで渡来人、特に祖国を失い、日本を新たな母国にしようとする百済系渡来人の支持を得るために、それまでの日本の枠にとらわれない政策を模索した結果でもあっただろう。

２００1年（平成13）、天皇（現上皇）誕生日に際しての記者会見で、上皇は当時、開催が迫っていたサッカー日韓共同ワールドカップに関連して次のような思いを語られた。

「日本と韓国との人々の間には、古くから深い交流があったことは、日本書紀などに詳しく記されています。韓国から移住した人々や、招へいされた人々によって、様々な文化や技術が伝えられました。宮内庁楽部の楽師の中には、当時の移住者の子孫で、代々楽師を務め、今も折々に雅楽を演奏している人があります。こうした文化や技術が、日本の人々の熱意と韓国の人々の友好的態度によって日本にもたらされたことは、幸いなことだったと思います。日本のその後の発展に、大きく寄与したことと思っています。私自身としては、桓武天皇の生母が百済の武寧王の子孫であると、続日本紀に記されていることに、韓国とのゆかりを感じています。武寧王は日本との関係が深く、この時以来、日本に五経博士が代々招へいされるようになりました。また、武寧王の子、聖明王は、日本に仏教を伝えたことで知られております。

しかし、残念なことに、韓国との交流は、このような交流ばかりではありませんでした。このことを、私どもは忘れてはならないと思います。

ワールドカップを控え、両国民の交流が盛んになってきていますが、それが良い方向に向かうためには、両国の人々が、それぞれの国が歩んできた道を、個々の出来事において正確に知ることに努め、個人個人として、互いの立場を理解していくことが大切と考えます。ワールドカップが両国民の協力により滞りなく行われ、このことを通して、両国民の間に理解と信頼感が深まることを願っております。」（宮内庁のサイトより）

百済王家の血統は桓武を介して現在の皇室まで受け継がれているのである。

平城《へいぜい》天皇――51代／806〜809年

▼クーデターを仕掛けられた側だった

正史が記す「薬子の乱」の真相

桓武天皇の皇子からは3代の天皇が出た。安殿《あて》親王が即位された平城天皇（在位806〜809）、神野《かみの》親王が即位された嵯峨《さが》天皇（52代、在位809〜823）、大伴《おおとも》親王が即位された淳和《じゅんな》天皇（53代、在位823〜833）である。

平城は皇太子時代から病気がちで、８００年（延暦19）におこなわれた早良親王への「崇道天皇」追号、井上内親王への「皇后」追復も、皇太子の病気を怨霊の仕業《しわざ》とみなした桓武による平《へい》癒《ゆ》祈願の意味もあった。

平城はその病弱ゆえに在位３年で弟の嵯峨に譲位し、かつての都である平城京に隠退した。嵯峨は皇太子に平城の皇子である高岳《たかおか》親王を立てたこともあり、この譲位と平城隠退はスムーズにおこなわれた。

一方、平城は皇太子時代に女官の藤原薬子《ふじわらのくすこ》と通じたが、桓武はそれを後宮の秩序を乱すものとして怒り、薬子を宮中から追い出していた。平城は自らが皇位につくと薬子を呼び戻し、その兄の藤原仲成《なかなり》とともに重用するようになった。

８１０年（大同《たいどう》５年・弘仁《こうにん》元年）９月、上皇平城は自らが天皇に復位し、都も平城京に戻そうと画策した。しかし、嵯峨は仲成を捕縛《ほばく》するとともに伊勢国の鈴鹿《すずか》関（現三重県亀山市関町）、美濃国の不破《ふわ》関（現岐阜県不破郡関ケ原町）、越前国の愛発《あらち》関もしくは近江国と山城国の境の逢坂《おうさか》関の三関を封鎖して、平城が東国で挙兵することを防いだ。

平城は征夷大将軍《せいいたいしょうぐん》・坂上田村麻呂《さかのうえのたむらまろ》が指揮する兵に行軍をさえぎられ、平城京に帰って剃髪《ていはつ》し、それ以上の抵抗の意図はないことを示した。仲成は殺され、薬子は自害して叛乱は終息した。失意の平城が、平城京で崩御したのは８２４年（弘仁15年・天長元年）７月のことである。

以上が正史『日本後紀』に語られた平城の生涯である。古来、８１０年の動乱は平城が薬子にそそのかされた結果として「薬子の変」と呼びならわされてきた。

『日本後紀』は桓武・平城・嵯峨・淳和の4代を対象とする史書で、841年1月（承和7年12月）に完成した。問題はその『日本後紀』編纂の勅《ちょく》を発したのは嵯峨だったということである。つまり、『日本後紀』は810年の動乱における嵯峨の立場を正当化する前提で編纂が開始された史書だったのである。

実際には810年の動乱は平城による失敗したクーデターではなく、嵯峨による成功したクーデターと考えた方が、嵯峨側の迅速《じんそく》な動きを説明しやすい（春名宏昭『平城天皇』2009、倉本一宏『平安朝皇位継承の闇』2014）。

『万葉集』が最初の勅撰和歌集？

ところで最初の勅撰和歌集は『古今和歌集』というのは現在の常識だが、その一方で、『万葉集』こそ最初の勅撰和歌集だったという説があった。その説の根拠はほかならぬ『古今和歌集』序文「真名《まな》序」「仮名序」の一節である。そのくだりを引用、意訳してみよう。

「昔平城天子、詔侍臣令撰万葉集」（『古今和歌集』真名序）

（『古今和歌集』編纂時から見て）昔の平城天皇の御世、平城は近侍の臣に『万葉集』を編纂するよう命じた）

「いにしへよりかくつたはれるうちにも、ならのおほむ時よりぞひろまりにける。かのおほむよや、うたのこゝろをしろしめしたりけむ。かの御時に、おほきみ（み）つのくらゐ、かきのもとの人まろなむうたのひじりなりける。これはきみも人もみをあはせたりといふなるべし。（中略）又山のへのあか人といふ人ありけり（中略）これよりさきの歌をあつめてなむまえふしふとなづけられたりける」（『古今和歌集』仮名序）

〔昔からさまざまな歌が伝えられていたが、それらが広まったのはならの御時〔平城天皇の御世〕からである。平城天皇は歌の心を知っておられた。その御世に正三位の公卿である柿本《かきのもとの》人麻呂《ひとまろ》という歌聖がいた。平城天皇と人麻呂は君臣ながら互いに協力しあっていた。……また、山部赤人《やまべのあかひと》という歌人もいた。……〔平城天皇は〕その御世より前の時代の歌を集めて『万葉集』と名付けた〕

以上である。『万葉集』自体の内容からすれば、天武－持統朝に活躍したはずの人麻呂や奈良時代の人と思われる赤人が実際に平城の御世にいたとは考えられない。

中世・近世の歌道書では、しばしば人麻呂（人丸）を平城の御世の人物として記している。たとえば藤原定家に仮託された鎌倉時代の歌道書『三五記《さんごき》』では、平城天皇の御世に明石《あかし》の浦（現兵庫県明石市）に唐人が乗った船が打ち上げられた。唐人は宮中に召されたが、彼の言葉を解するものは平城と人麻呂だけだった。唐人は漢詩に巧みで平城は彼を常にそばにおいた。

3年後、唐人は故国を恋しがり、漂着地の明石の浦から船に乗って帰っていった。平城と人麻呂はその帰国を見送ったが、その際に人麻呂が歌ったのが「ほのぼのとあかしの浦の朝霧に島隠れゆく舟をしぞ思う」であったという。

ちなみに「ほのぼのと……」の歌は『古今和歌集』に「よみ人しらず」として収められていたが、のちに人麻呂の作であるという伝承が生じ、中世に流行した古今伝授《こきんでんじゅ》(『古今和歌集』に関する歌道の秘伝)で珍重されたものである。

1670年(寛文《かんぶん》10)に刊行された歌道書『人丸秘密抄《ひとまるひみつしょう》』には「人丸」という歌人には田中人丸・玉手人丸・柿下人丸・柿本人丸の4人がいたとして、柿本人丸は平城天皇の御世の人で、その歌が古《いにしえ》の人丸に似ているからと平城により人丸の名を与えられたとある。

この人丸は死後、平城によりその霊を近江国竹生島《ちくぶ》に祀られたという。

在原業平は平城の孫

平城と『万葉集』、そして人麻呂は伝承の世界で緊密に結びついているようである。『万葉集』の実際の編者としてもっとも蓋然性《がいぜん》が高い人物は大伴家持である。しかし彼は死後に藤原種継暗殺事件への関与を疑われ、官籍を除名されていた。その名誉が回復されたのは平城が即位した806年(延暦25年・大同元年)のことである。

桓武は平城京と天武-持統系皇統にまつわる一切のものを否定するような改革者だったが、平城はその改革に対する批判者だったようである。家持の名誉回復にともない、平城京と天武－持統系皇統の栄華を伝える『万葉集』が日の目を見たとするなら、父への反発を胸に秘めていた平城がその世界に惹《ひ》かれたのも想像にかたくない。

さらにいえば、『万葉集』の中で人麻呂は「そらみつの　大和を置きて　あをによし　奈良山越えて　いかさまに　思ほしめせか」（『万葉集』巻１・国歌大鑑29番）と天智天皇が大和を離れて遠く近江に都を遷《うつ》したことを非難している。平城がこの人麻呂の歌を読んだなら、そこに大和を離れて山城国に都を遷した父の行為を重ね合わせもしたことだろう。

平城が人麻呂と同時代ということはありえないし、『万葉集』が実際に平城の勅撰だったということもまずなさそうである。

しかし、家持名誉回復後の『万葉集』普及やその代表的歌人である人麻呂の再評価に平城が何らかの形で関わり、それが『古今和歌集』真名序・仮名序の記述をはじめとするさまざまな伝説を生んでいったと考えることはできるだろう。

そして、おそらくは『万葉集』の世界への共感が平城京への再遷都という構想につながり、平城の身を破滅に追いやったのである。

なお、８１０年の動乱で嵯峨が勝利したことにより、平城の皇子たちは皇統の本流から外された。平城天皇の第一皇子だった阿保《あぼ》親王は皇族としては不遇《ふぐう》であり、皇統への野心がないことを示すために自分の子供たちを臣籍《しんせき》（在原朝臣姓《ありわらのあそん》）に下して、皇位継承権を失わせた。

六歌仙のひとりであり、『伊勢物語』の主人公のモデルとして有名な在原業平《ありわらのなりひら》は阿保親王の五男、平城の孫にあたる。

嵯峨天皇の下でいったんは皇太子となった高岳親王は、廃太子となってから出家し、弘法大師空海《くうかい》の十大弟子のひとりに数えられながらも、仏跡を求めて天竺《てんじく》（インド）へと旅立ち、二度と帰ることはなかった。一説に羅越《らえつ》国（現マレーシア・シンガポール方面）で虎に襲われて最期を迎えたという。作家・澁澤龍彦《しぶさわたつひこ》はその後半生を幻想小説『高岳親王航海記』（１９８７）として描き出した。

仁明天皇《にんみょう》——54代／８３３～８５０年

▼健康のために体を壊した

承和の変で皇統が一本化

仁明天皇（在位８３３～８５０）の御名は正良《まさら》という。正良親王は嵯峨天皇（52代）と皇后・橘嘉智子《たちばなのかちこ》との間に生まれた皇子だったが、嵯峨は正良親王を皇太子にするという条件で８２３

年（光仁14）に弟の淳和天皇に皇位を譲られた。８３３年（天長10）、淳和から正良親王への譲位がなされ、新たな皇太子として淳和の皇子である恒貞《つねさだ》親王が立てられた。

嵯峨と淳和の2人の上皇の仲は良好で、仁明朝は当初は平穏だった。しかし、８４２年（承和9）7月、嵯峨の崩御とともに一大事が起きる。

阿保親王（平城天皇の皇子）が、橘嘉智子皇太后に対し、皇太子を奉じての謀反の企《くわだ》てがあると密告したのである。当時の朝廷の有力者だった伴健岑《とものこわみね》と橘逸勢《たちばなのはやなり》は叛乱計画の首謀者としてそれぞれ隠岐《おき》（現島根県隠岐郡）と伊豆《いず》（現静岡県東南部）に流刑となった（逸勢は流刑先までの道中で死去）。恒貞親王は皇太子を廃され、のちに出家した。連座して処罰を受けた者は60名以上に及んだ。

阿保親王は心労もあってか、事件の直後に急死している（歌人として有名な在原行平《ありわらのゆきひら》、在原業平の兄弟は阿保親王の子）。

この処分をおこなったのは藤原北家《ほっけ》の藤原良房《よしふさ》であった。良房は自分の妹を仁明の后《きさき》としていた。伴（大伴）氏と橘氏という上代以来の有力豪族が宮中から追われることになった。また、北家以外の藤原氏もこの事件で勢力を削がれた。この事件を「承和《じょうわ》の変」という。

承和の変は、皇室にとって嵯峨系と淳和系が並立していた皇統を嵯峨系に一本化するものであり、藤原氏にとっては藤原北家の権力を盤石《ばんじゃく》のものとするものであった。良房はのちの清和《せいわ》朝（56代）に皇族以外では歴史上最初の摂政となる。承和の変は藤原北家が摂関家の座を独占する第一歩となった。

恒貞親王に代わって皇太子に立てられたのは、仁明と良房の妹・藤原順子《じゅんし》の間に生まれた通康《みちやす》親王（のちの文徳《もんとく》天皇〔55代〕）であった。仁明は当初は道康親王を皇太子とする気がなく、次の皇太子を誰にするかは自分では決められないからと、公卿たちの会議に委ねようとした。だが、直系の正嫡《せいちゃく》がいる以上、ほかの皇族を立てる必要はないとの決議が上表され、通康親王の立太子が決定したのである。神谷正昌《かみやまさよし》氏はこれを皇位に関する直系継承主義の確立として重視している（神谷正昌『皇位継承と藤原氏』２０２２）。

物怪が多出する『続日本後紀』

さて、六国史の一つ『続日本後紀』は仁明朝一代のみを対象とする正史である。その編纂開始は８５５年（斉衡《さいこう》２）で編者には、藤原良房を筆頭に宮廷の有力者が集い、学者の春澄善縄《はるずみのよしただ》も加わった。

その後、編者の入れ替えが幾度かおこなわれ、政変で失脚した者や物故者も出て、８６９年（貞観《じょうがん》11）の完成上奏時まで残ったのは良房と善縄の２人だけだった。

仁明朝で最大の事件といえば承和の変である。その当事者にして最大の受益者である良房が自ら編纂に関与した正史ということで『続日本後紀』は扱いが難しい史書となっている。

つまり、藤原北家の権力掌握《しょうあく》過程で都合が悪い事実が隠蔽《いんぺい》、もしくは改竄された疑いが濃厚なのである。

その『続日本後紀』の特色の一つに「物怪《もののけ》」に関する記述が多いことがあげられる。「物怪」とは人々に疫病《えきびょう》をもたらす幽霊・怪異の類である。

『続日本後紀』では、承和3年10月、承和4年正月、承和4年7月、承和5年7月、承和6年7月、承和7年6月、承和8年9月、承和10年5月、承和10年8月、承和12年3月、承和14年3月と、宮中もしくはその周辺に「物怪」が出たのでお祓《はら》いや祈禱をおこなわせたという記述は枚挙にいとまがない。

さらに承和8年5月には、肥後《ひご》国阿蘇《あそ》郡（現熊本県阿蘇郡）の池の水が減ったり、伊豆国で地震が起きたりといった異変があり、物怪も出現しているので神功《じんぐう》皇后の御陵に勅使を遣わして国の守りを祈ったという記事もある。他の正史では「物怪」出現記事はごく稀《まれ》なことを思うと、異常といってもよい。

精神医学史専攻だった鈴木英鷹は、この「物怪」記事頻出は、編者の善縄が陰陽道に傾倒し「物怪」をつねづね恐れていたために特に記録されたものとみなす（鈴木英鷹「『続日本後紀』にみる平安時代初期の医療福祉（仁明天皇時代）」『帝塚山学院大学人間科学部研究年報』13集、２０１１）。

しかし、『続日本後紀』が良房の方針に基づいて編纂されたことを思えば、これらの記述は、藤原北家の権力掌握に対する抵抗を、暗に「物怪」の跳梁《ちょうりょう》という形で表現したとみなすこともできるだろう。さらにいえば、病弱だった仁明の体質が宮中やその周辺に「物怪」を呼び込むものとみなされていたのかもしれない。

自己流の薬を飲み体を傷めた

『続日本後紀』は、仁明が「不予《ふよ》」（病気）がちだったことと医薬への深い関心があったことを伝える。その医薬への学識は医者と問答して黙《だま》らせるほどであった。

仁明がもっとも信頼した側近は良房の弟の藤原良相《よしみ》だったが、正史『日本三大実録』は良相の逝去記事（８６７年＝貞観9年10月10日）に付した伝記の中で、仁明が自ら五石散《ごせきさん》（硫黄《いおう》や石英《せきえい》など五種の鉱石を混ぜ合わせた薬）を調合して公卿たちに飲ませようとしたが、結局飲んだのは良相だけだったと伝える。

遠藤慶太氏はこのエピソードは仁明と良相の間での君臣の義を示すとしたうえで「これは美談なのであろうか。得体《えたい》の知れない薬を天皇から勧められた廷臣たちの困惑が目に浮かぶ」と評している（遠藤慶太『六国史』２０１６）。

だが、仁明はその知識ゆえに自己流の調剤を繰り返して、もともと弱かった体をますます傷《いた》めることにもなったようである。特に五石散や金液丹《きんえきたん》（金や水銀を調合した仙薬）といった鉱物質の薬を好んで用いたことは、彼自身の寿命を縮めるものでしかなかったようだ。

中国伝来の神仙《しんせん》道では決して腐らない鉱物を服用することで肉体を変性し、不老長生を得るという思想があるが、現実には鉱物質の薬の多用は毒でしかない。仁明は41歳で崩御した。

仁明を主人公とするような有名な伝説や文芸作品は特に残されてはいない。しかし、正史の記述だけからでも仁明のユニークな個性はうかがえるようである。

陽成天皇《ようぜい》――57代／876〜884年

▼物狂帝の真実

陽成の暴君伝説の数々

陽成天皇（在位８７６〜８８４）の諱《いみな》は貞明《さだあきら》という。

陽成が暴君だったという説は、あたかも日本史の常識であるかのように語られてきた。後世の史書にも、たとえば鎌倉時代の『愚管抄《ぐかんしょう》』では、藤原基経《もとつね》から陽成には「御物怪」がとりついて荒れているとみなされていた、とあったり、南北朝時代の『神皇正統紀』では陽成について「性悪にして人主の器に足らず」と書かれたり、室町時代の『皇年代略紀』では「物狂帝《ものぐるい》」と呼ばれたりという具合である。

彼は結局、基経らによって退位に追い込まれたが、それというのも陽成自身が暴君だったからだ、というわけである。

正史『日本三代実録』には、元慶《がんぎょう》7年（883）11月10日、宮中で嵯峨天皇の曽孫にあたる源益《みなもとのまさる》が何者かに殴り殺されたと記されている。『玉葉《ぎょくよう》』（鎌倉時代・九条兼実《くじょうかねざね》の日記）などには、その実行犯は陽成その人だったと書かれている。

また、『日本三代実録』には、天皇は馬が好きで宮中で馬を飼ってよく乗り回していたが、源益殺人事件直後の11月16日の記事として、太政大臣《だいじょうだいじん》（藤原基経、836〜891）が天皇の乗馬に関わっていた人々を宮中から追放したと記されている。

鎌倉時代の歌物語『世継《よつぎ》物語』によると、陽成は天皇在位中、蛇に蛙《かえる》を呑ませたり、猫に鼠《ねずみ》をとらせたり、犬や猿を争わせたり、人を木に登らせたりして、しまいには皆殺ししてしまったという。

室町時代の『賀茂皇太神宮記』は天皇在位中の陽成が闘犬や闘鶏に夢中になって祭りをおろそかにしたため、退位後に宇多《うだ》天皇（59代、在位887〜897）が賀茂の祭りを復興したとする。

平安後期の説話集『江談抄《ごうだんしょう》』は、陽成が三種の神器の一つである神璽《しんじ》の函《はこ》の紐《ひも》を解いて中を見ようとしたと伝える。『富家語《ふけご》』（平安末期の説話集）、『古事談』などによると、陽成は神璽の函の蓋《ふた》を開けただけでなく、やはり三種の神器である宝剣を抜いてみたという。たとえ天皇とはいえ、あるいは天皇だからこそ許されない神をも恐れぬ所業であった。

院の御所に現れた翁の妖怪

陽成の悪評が定着した結果、後世、その院の御所（退位後に住まわれた邸宅）に妖怪が出るという話まで派生するに至った。

陽成の院の御所（陽成院とも二条院ともいう）は京の大宮《おおみや》大路（現在の京都市・大宮通）の北、西洞院《にしのとういん》大路（現在の西洞院通）の西、油小路《あぶらこうじ》（現在の油小路通）の東にあった。『宇治拾遺《うじしゅうい》物語』「陽成院妖物ノ事」によると、そこは物怪が住むところだった。

陽成の院の御所の大きな池の釣殿《つりどの》（池に臨んだ建物）で夜中、番人が寝ていると、細い手で番人の顔をそっと撫《な》でるものがいる。薄気味悪く思った番人が太刀を抜いて、片手でその何ものかの手をつかむと、浅黄《あさぎ》色の裃《かみしも》を着た翁《おきな》が、とてもわびしい風情で語りだした。

「我はここに昔から住んでいた主で、浦島太郎の弟である。ここに住んで1200年余りになる。できれば、ここに社《やしろ》を建てて我を祀って欲しい。そうすれば我もお前を守ってやろう」

番人が「わが一存で決められることではないので、院（陽成）に報告しよう」というと翁は、「憎らしい男だ」と番人を三度空中に投げ上げ、息も絶え絶えとなって落ちてきたところを、口を開けて食ってしまった。並みの人間ほどの大きさだった翁が、たちまち大きくなって一口に番人を呑みこんだのである。

また、『今昔《こんじゃく》物語集』「冷泉《れいぜい》院の水精、人の形と成りて捕へらるる語」によると、冷泉院（平安京の内裏《だいり》に隣接して平安時代、多くの天皇・上皇が御所や後院《ごいん》とした邸宅）が陽成の院の御所だった頃、陽成はそこに池をつくった。

後世、その池の近くの縁側で男が寝ていたところ、身の丈三尺（約90センチ）ばかりの翁が来て、男の顔を撫でていった。男は薄気味悪く思いながら、寝たふりをして、その翁が池のそばに行ってそこで消えるのを確かめた。翁はその後も寝ている男の顔を撫でていたが、あるとき、力自慢の男が縁側で待ち構え、顔を撫でに来た翁を捕えると麻縄でしばりつけた。

人々が集まって火を灯して見ると、身の丈三尺ほどの翁が浅黄の裃を着て、弱々しいさまで目をしばたたかせていた。翁が「たらいに水を入れて持ってきてほしい」というので、大きなたらいに水を入れて翁の前に据えると「我は水の精ぞ」となのって、たらいの中に飛び込んだ。人々はたらいの中を探したが結局見つからない。そのたらいの水は池に捨ててしまった。それからは池の近くで寝ても翁が顔を撫でに来ることはなくなった。

『宇治拾遺物語』は鎌倉時代初期、『今昔物語集』は平安時代末期に成立した説話集である。『今昔物語集』の水精と『宇治拾遺物語』の池の主は、浅黄の裃を着た翁という姿が共通しており、同じ類の妖怪とみなすことができる。

それが『今昔物語集』では陽成院がつくった池に住み着いたとされており、『宇治拾遺物語』では陽成院が住んでいた御所の池に住んでいたとされるわけだが、これは陽成天皇その人に妖怪を惹きつけるものがあるとみなされていたからだろう。

天下に調和をもたらすべき存在である天皇が、暴虐《ぼうぎゃく》で自らその調和を乱したなら、その乱れに乗じて妖しいものが現れるようになる、というわけである。

暴虐エピソードを奏上する藤原基経、源融

さて、陽成が源益を殺したというのは暴君説を受けての後世の人の憶測《おくそく》にすぎない。また、乗馬はいかにも青年らしい趣味で、それだけなら暴君呼ばわりまでされるいわれはない。

陽成の生前に、その暴虐ぶりが取りざたされたことを示す史料としては次のものがある。

『扶桑略記《ふそうりゃっき》』は、陽成退位後の寛平《かんぴょう》元年（889）、陽成院の狼藉《ろうぜき》ぶりを伝える報告が基経や左大臣・源融《みなもとのとおる》（822～895）らによって次々に宇多天皇に報告されたことを記している。

▼基経の奏上《そうじょう》＝陽成院は、馬に乗ったまま、杖や鞭《むち》を持つ者たちを引き連れ、京都六条の下《げ》人《にん》（貴族・寺社などの隷属《れいぞく》民）の家に入っていった。その家の、女人・児童は驚いて逃げ出した。

▼源融の奏上＝陽成院は、お付きの者に命じて、駿河介《するがのすけ》（「介」は地方派遣官吏の官名の一つ）の娘をいきなり捕らえさせた。駿河介の娘は、琴《こと》の弦《げん》で両手を後ろ手に縛られて顔を水底につけられるという乱暴を受け、人々は憂《うれ》えていた。

▼摂津《せっつ》国島下《しましも》郡（現大阪府の茨木市・摂津市・豊中市・吹田市・箕面市にまたがる地域）から帰った官吏による報告＝陽成院が、藤原氏助という人物の館に押し入ってその家の住人たちを追い出し、近くの山で猪《いのしし》や鹿の狩りを始めた。さらにその山をいきなり禁野《しめの》（天皇・上皇の狩場として他の者の狩猟を禁じた場所）に定めて、通りかかる人に乱暴しているという。

▼源融の奏上＝陽成院は宇治にある源融の別荘の厩《うまや》から馬を奪って山や野を駆け回り、屋敷の柴垣を破ったり、人里で暴れたりしていた、という。

『扶桑略記』は平安時代に編纂された漢文体の歴史書で、日本仏教文化を柱とした日本史としての性格を持つものである。その中には日本の正史である六国史に含まれていない記述も多く、公家の日記や書簡などが用いられたものと思われる。

『扶桑略記』の記述は、その暴虐の噂が陽成の退位後、基経や源融を通して奏上されていたことを示している（地方からの報告にしても、天皇にとりつぐのは彼らである）。これはむしろ、陽成の暴君扱いがいつ頃から誰によってなされたのかを推測させるものといえよう。

陽成の父の清和《せいわ》上皇の臨終が迫った元慶《がんぎょう》4年（880）の年末、摂政《せっしょう》の基経は陽成に反発し、太政大臣に任命されながらも翌年2月まで出仕せずにサボタージュをおこなっている。その背景には娘を陽成に入内させようとする基経と、それに反対する陽成の母・藤原高子《こうし》（二条后《にじょうのきさき》）の確執があったともいわれる。

その後も陽成と基経の対立は深まり、ついに元慶8年2月、基経は競馬《くらべうま》を見に行くことを口実に陽成を宮中から連れ出すとそのまま足止めし、かねてより目をつけていた光孝《こうこう》天皇（58代、在位884～887）を皇位につけてしまった。陽成の退位も本人のあずかり知らぬところで決定していたという。

さらに、光孝天皇の子ではあるが臣籍だった（皇族から離れ臣下としての姓を与えられていた）源定省《さだみ》を皇族に戻し、宇多天皇として皇位につけたのも基経であった。

さらに光孝は他の親王をはばかって自分の子を臣籍にしてしまったので、子の宇多天皇、孫の醍醐《だいご》天皇（60代、在位８９７～９３０）は即位するにあたって源氏から皇籍に戻らなければならなかった（ちなみに醍醐は臣籍に生まれて皇位についた歴代唯一の人物である）。

暴君・暗君と宣伝するメリット

源融は陽成の東宮傅《とうぐうのふ》（皇太子御付きの教育官）として、即位前から仕えていたため、陽成と基経の対立に関して、陽成在位中は陽成方について基経と対立していた。だが、宇多天皇の即位は源氏から皇位についた先例となるため、宇多天皇の御世には、陽成がふたたび皇位につくことを望まなかったと思われる。この時点では基経と源融の利害は一致したわけである。

基経は陽成廃位と光孝・宇多の擁立《ようりつ》を正当化するために、陽成を暴君、暗君として宣伝しなければならなかったのである。また、宇多即位の時点で源融もそれに同調した。後世の史書や説話集などは基経らによって流された噂の断片や、そこから派生した話を書き残したものと見てよいだろう。

古典文学で、暴君の代名詞として桀紂《けっちゅう》という言いまわしが使われる。これは、中国史最初の王朝・夏《か》の最後の王だった桀《けつ》王と、夏に続いた王朝・殷《いん》の最後の王だった紂《ちゅう》王が、ともに最悪の暴君だったと伝えられたところからきた言葉である。しかし、彼らが暴君扱いされたのは、彼らの王朝を滅ぼした側が、その王朝の滅亡が必然だったといいつくろうために最後の王が暴君だった、という話をつくったと見るのが妥当だろう。

権力を奪った者が、自分の皇位を正当化するために前の権力者を悪く言う話を流し、それがさらに歴史に組み込まれるというのはありがちなことである。陽成の汚名もそのパターンによるものと思われる（倉本一宏『平安朝　皇位継承の闇』２０１４、原田実『トンデモニセ天皇の世界』２０１３、原田実『天皇即位と超古代史』２０１９）。

「百人一首」にとられた繊細な歌

陽成の歌は一首しか残されていない。天暦《てんりゃく》年間（９４７～９５７）頃成立の『後撰和歌集』にとられたものである。

つくばねの　峰よりおつる　みなの川　恋ぞつもりて　淵となりける
（常陸《ひたち》の筑波《つくば》を流れる男女川《みなのがわ》がわずかな流れから水を集めて深い淵となるように私の恋心も次第につのって淵のように深くなっています）

この歌は、藤原定家《ていか》（１１６２～１２４１）撰の小倉百人一首にとられたことで有名だが、暴君のイメージとは無縁の、繊細で艶《つや》やかな歌である（ちなみに小倉百人一首では最後の句が「淵となりぬる」）。

定家は、陽成院についても、その歌を小倉百人一首に入れることで宇多天皇の御世における政治決定（陽成暴君説）を継承し続ける世間に対し、別の見方を示したのかもしれない。

なお、鎌倉幕府の源氏将軍三代は河内源氏の流れで清和源氏（清和天皇の皇子・貞純《さだずみ》親王を祖とする）を称していたが、その河内源氏について、もともとは陽成の皇子・元平《もとひら》親王を祖とする陽成源氏を称していたという説がある。その説をとるなら、河内源氏は宮中で人を殺《あや》めたという陽成を武家の家祖として好ましく思っていたが、やがて暴君を祖とすることを嫌うようになったと考えることができる。

陽成は９４９年（天暦３）９月に出家し、その月のうちに崩御した。江戸時代に編纂された『東大寺雑集録』は陽成が盲目の人々を憐《あわ》れんで、彼らのために住居となる町家を設けたいとしたため、その崩御には多くの盲人が追善供養をおこなったという、暴君説話とは別の側面を記録している。

宇多天皇《うだ》——59代／887～897年

▼日本史上最初の猫マニア

全10巻の日記を残す筆まめさ

宇多天皇（在位887～897）は867年、時康親王《ときやす》（のちの光孝天皇）の子として産まれた。光孝は即位当時、自らを、急に退位した陽成天皇に代わって陽成の嫡流《ちゃくりゅう》にふたたび皇位が戻るまでの中継ぎとみなしていたため、自らの子供たちを臣籍として源姓を与えた。こうして宇多は18歳にして皇族・定省王《さだみ》から天皇の臣下である源定省になったわけである。

ところが光孝は皇太子を指名しないまま危篤《きとく》状態となった。時の関白・藤原基経は陽成の嫡流との折り合いが悪く、定省を皇籍に戻す工作をおこない、定省の立皇太子を光孝と定省本人とに納得させた。こうして定省こと宇多天皇は日本史上で唯一、いったん臣籍とされてから皇太子となり、さらに皇位についた人物となったのである。

宇多は筆まめで『宇多天皇御記《ぎょき》』（『寛平《かんぴょう》御記』）という全10巻もの日記を記していた。『宇多天皇御記』全体はすでに散逸しているが、さまざまな書物にその引用が残されている。その逸文と、

愛読者カード

ご購読ありがとうございました。今後の参考とさせていただきますので、ご協力をお願いいたします。また、新刊案内等をお送りさせていただくことがあります。

【1】本のタイトルをお書きください。

【2】この本を何でお知りになりましたか。

1.書店で実物を見て　2.新聞広告（　　　　新聞）
3.書評で（　　　）　4.図書館・図書室で　5.人にすすめられて
6.インターネット　7.その他（　　　）

【3】お買い求めになった理由をお聞かせください。

1.タイトルにひかれて　2.テーマやジャンルに興味があるので
3.著者が好きだから　4.カバーデザインがよかったから
5.その他（　　　）

【4】お買い求めの店名を教えてください。

【5】本書についてのご意見、ご感想をお聞かせください。

●ご記入のご感想を、広告等、本のPRに使わせていただいてもよろしいですか。
□に✓をご記入ください。　□ 実名で可　□ 匿名で可　□ 不可

郵 便 は が き

切手をお貼りください。

102-0071

東京都千代田区富士見一―二―十一
KAWADAフラッツ一階

さくら舎 行

住 所	〒 都道府県		
フリガナ		年齢	歳
氏 名		性別	男 女
TEL	( )		
E-Mail			

さくら舎ウェブサイト www.sakurasha.com

藤原北家（のちの摂関家）の権力掌握を描いた歴史物語『大鏡《おおかがみ》』を照合することで、宇多即位のいきさつやその治世における事件などはうかがい知ることができる。

宇多に関する有名な事柄といえば阿衡《あこう》事件がある。これは宇多が即位した際、基経に引き続き太政大臣となるよう勅を出したところ、その文中にあった「阿衡」という用語が実権のない名誉職の意味だと基経が怒って政務が滞《とどこお》ってしまったという騒動である。

この事件は基経のゴネ得で藤原北家の権力基盤が強化される形で決着し、宇多も「朕《ちん》、これを傷むこと、日に深し」（『寛平御記』888年＝仁和《にんな》4年10月）という自責の念と共にそのいきさつをくわしく記している。

なお、この阿衡事件のきっかけとなった勅では、太政大臣としての基経が「関白」（天皇への上奏文をすべて預かり取り次ぐこと）するようにと定めており、成人天皇の下で実際の政務をおこなう官職を関白と呼ぶのはこれに始まる。

賀茂明神の託宣

宇多は891年（寛平《かんぴょう》3）の基経逝去以降は、摂政や関白といった補佐役を置かず、基経の子・時平《ときひら》を重用する一方で、源融（822～895）や菅原道真（845～903）など藤原北家以外の人材も大いに登用して天皇親政をおこなった。その治世は後世「寛平の治」と呼ばれる善政だったとされる。

保立道久《ほたてみちひさ》氏は寛平3年9月11日付で発布された太政官符《だいじょうかんぷ》に注目する。その内容は京の王臣が地方に下向して暮らしたり、その土地で婚姻関係を結んだりするのを禁じ、皇族や貴族の居住地を京都とその近辺に限定するものだった。（保立道久『平安王朝』１９９６）。

もっとも貴族自身が地方の荘園を直接管理しづらくなるということは、荘園の現地管理者の権限と責任が重くなるということである。武士の出現はその結果のひとつといえよう。

さて、『大鏡』によると、即位する前の宇多が賀茂《かも》社（現京都市の上《かみ》賀茂神社と下《しもがも》鴨神社）の近くで鷹狩りをしていたところ、翁が現れて「春は祭多くはべり。冬のいみじくつれづれなるに祭たまはらむ」（春は賀茂社の祭りがあるが冬はとても退屈なので新しい祭りを始めてほしい）と告げた。宇多が「おのれは力およびさぶらはず」（私には祭りを始める権限はない）と断ったが、翁は「力およばせたまひぬべきなればこそ申せ」（あなたがその権限を得るだろうからこそお願いするのです）と告げた。

この翁の言は賀茂明神の託宣であった。託宣通りに天皇に即位して、祭りをおこなう権限を得た宇多は11月（旧暦では冬）の最後の酉《とり》の日に賀茂の臨時祭を開催するよう定めたという。

宇多自身も寛平元年（８８９）10月24日付の日記で、即位前に鴨明神から人を介して新たな祭りを始めよという託宣を授かったことを回想している。『大鏡』は歴史物語ではあるが、即位前の宇多をめぐって、この説話と似たような事実があったことは間違いなさそうである。

なお、『大鏡』の説話では宇多がこの託宣を受けたのは、陽成天皇の侍従だった頃としているが、古藤真平《ことうしんぺい》氏は宇多が陽成に仕えていたということ自体、他の史料で裏付けができず、実際の託宣は光孝即位後、宇多が源定省だった頃のことではないかとする（古藤真平『宇多天皇の日記を読む』２０１８）。

だとすれば、この事件は光孝と基経の間の宇多への皇位継承をおこなうための工作に、賀茂社が関わっていたことを示すものかもしれない。

怪異の名所・河原院

宇多は仁和寺《にんなじ》（現京都市右京区、真言宗《しんごんしゅう》御室派《おむろは》）の開基でもあり、退位後は法皇（出家した上皇）として仁和寺に御室という住居を設けて暮らした。

法皇となってからの宇多に関しては現京都市六条にあったという河原院《かわらのいん》（川原院）の怪異にまつわる説話がある。河原院はもともと源融の館で広大な敷地に美しい庭園がしつらえられた邸宅だったという。平安時代後期成立の『今昔物語集』『古本説話集《こほんせつわしゅう》』や鎌倉時代初期成立の『宇治拾遺物語』によると宇多は融の遺族から河原院を献上され、しばしばそこに通った。

ある夜、宇多の寝所に館の持ち主だという翁が現れ、自分に館を返してほしい旨を告げた。宇多はその翁が融の霊であると知り、遺族からの寄進という正当な手続きで手に入れたのだから返せというのは道理に合わないと答えると融の霊はかき消えて後に何事もなかったという。

この説話には複数のバージョンがあり、たとえば『本朝文粋《ほんちょうもんずい》』では、融の霊が自分は地獄に落ちているから救ってほしいと宇多に告げたので宇多は供養の法要をおこなったとなっている。

『江談抄』『古事談』では、宇多が寵愛《ちょうあい》する美女・京極御息所（藤原時平の娘、藤原褒子《ほうし》）を河原院に連れていったところ、融の霊が現れて御息所を連れていこうとした。宇多が止めると融の霊は宇多の腰にしがみつき、ようやく振り払ったかと思えば、御息所の息が止まって死んだようになってしまった。宇多は僧を呼んで祈禱させたところ、やっと御息所が息を吹き返したという。

なお、源融は、その豪奢《ごうしゃ》な暮らしぶりと色好みぶりから『源氏物語』の光源氏《ひかるげんじ》のモデルのひとりと目されている。『源氏物語』の注釈書には、河原院は光源氏が夕顔とともに暮らした館のモデルで、夕顔がその館で物怪《もののけ》（通常は六条御息所《ろくじょうのみやすどころ》の生霊《いきりょう》と解釈される）に襲われて死にいたる記述は、河原院に融の霊が出るという話をとりいれたものだという説を記した例もある。

室町時代の謡曲『融』は廃墟となった河原院跡を通りかかった僧が、翁として現れた融の霊を慰《なぐさ》めるストーリー。やはり謡曲の『夕顔』は廃墟を通りかかった僧が女の霊と出会い、その廃墟が源融の河原院の跡で、その女、夕顔が死んだ場所でもあると告げられるストーリーである。これらの謡曲に宇多は登場しないが、宇多と融をめぐる説話から派生した内容であることは間違いない。

ちなみに『大鏡』は、光孝の即位前、次の皇位が定まらなかった頃に源融が名乗りをあげたが、いったん源姓となった以上、皇族には戻れないと却下されたことが記されている。それが史実かどうかはともかく、そのような噂もたてられた人物が、源氏から皇族に戻って即位した天皇の臣下となり、没後に自慢の邸宅まで奪われたとなれば、文句の一つも言いに化けて出たとしても仕方あるまい。

「毎日、乳粥をもつてこれに給ふ」

９０１年（昌泰《しょうたい》４年・延喜元年）、宇多は東寺《とうじ》（京都市南区、真言宗総本山）で阿闍梨《あじゃり》（弟子を持つ資格のある僧）となった。９２１年（延喜21）に真言宗の祖・空海に大師号「弘法大師」が贈られた際にはその理由の一つとして法皇（宇多）の追慕の念が篤《あつ》いことがあげられている。９３１年（承平《じょうへい》元年）崩御。

今世紀に入ってから、宇多については意外な方向からの再評価がなされている。


「その毛色、類《たぐ》はず愛《いと》しき」

「これひとり黒く墨《すみ》のごとし」

「長さ尺有五寸、高さ六寸ばかりなり」

「常に頭を低くし、尾を地につく」

「しかるに背脊をのばせば高さ二尺ばかりなり」

「よく夜、鼠を捕えること、他の猫に勝る。先帝、愛玩すること数日の後、之を朕に賜ふ。朕、撫養すること今五年なり。毎旦、乳粥をもつてこれに給ふ」（『寛平御記』寛平元年2月6日）

（その毛は類のないほど美しい。他の黒猫と違って墨のような光沢がある。大きさは長さ45センチ、肩の高さは20センチ弱くらいで頭を下げ、尾を下ろして伏せているが、一気に背筋を伸ばして動き出すと60センチくらいに見える。ネズミをとるのが上手で他の猫をしのいでいる。先帝〔光孝〕にもらわれて数日で私がもらい受けたが、それからもう5年もかわいがっている。毎朝、ミルク粥をつくってこの子にあげている）

これは大宰府の官人が輸入して光孝に献上し、宇多が飼い主となった唐猫《からねこ》（愛玩用に唐土《もろこし》から輸入された猫）に関する記述である。先述のように『寛平御記』は散逸しているが、『源氏物語』にも唐猫が出てくるため、その注釈書に引用される形でこの記述が現代まで伝えられたものである。

さらにこの記述は、唐猫に関する記録として現在日本で確認されている最古のものでもある（小嶋菜温子『源氏物語の性と生誕』２００４、河添房江『光源氏が愛した王朝ブランド品』２００８）。この記述が注目されることで、宇多はいまや、確認される限りで日本史上最初の猫マニアとして、同好の士から共感を集めつつある次第である。

第4章　和歌の守護者——政治から文化へ

村上天皇《むらかみ》――62代／946～967年

▼親政で倹約・文化振興の聖帝

歌道に通じた「天暦の治」の聖帝

村上天皇（在位946～967）は御名《ぎょめい》を成明《なりあきら》という。醍醐《だいご》天皇（60代）の皇子で弟の朱雀《すざく》天皇（61代）から位を譲られた。朱雀天皇の御世《みよ》には平将門《たいらのまさかど》や藤原純友《ふじわらのすみとも》の乱があり、地震や洪水などの天変地異が相次いだこともあって国土は荒れ果てていた。また、関白の職にあった藤原忠平《ただひら》が949年（天暦《てんりゃく》3）に逝去して以来、村上は摂政・関白を置くことなく親政で国の難局を乗り切ろうとした。

村上は国司・官吏の勤務評定を厳正にし、検非違使《けびいし》（軍事・警察組織）を改革して市場を監察させ、治安維持に努めた。また、国土荒廃による税収低下に対応するために倹約を奨励した。

一方で村上は文化振興にも努めた。村上の後宮の一つ、昭陽舎《しょうようしゃ》は庭園に植えられた梨の木から梨壺《なしつぼ》と称されていたが、その梨壺の一角に歌人たちを集め勅撰《ちょくせん》和歌集『後撰和歌集』の編纂をおこなわせた。さらに村上自身が歌道に通じ、また琵琶や琴についても名人と歌われる才人であった。かくして村上の親政は後世、「天暦の治《ち》」の聖代として讃えられることになった。

歴史物語『大鏡《おおかがみ》』は、村上が内裏《だいり》の清涼殿《せいりょうでん》の前に植えられていた梅の木が枯れた際に代わりの梅を求めた話を伝える。村上が自らの命で内裏にもたらされた梅の木を見ると、そこには一枚の短冊が結びつけられていた。その短冊に書かれていたのは一首の歌であった。

「勅なれば　いともかしこし　鶯《うぐいす》の　宿はと問はば　いかがこたへむ」

（天皇の勅ともなれば逆らうことはできませんが、やってきた鶯に、宿にしていた梅の木はどうなったのかと問われたら、どう答えればよいのでしょうか）

村上は、この歌に感じ入り、もとの家に梅の木を返した。この家の女主人は紀貫之《きのつらゆき》の娘の紀内侍《ないし》だったという。

もっとも、この歌はもともと勅撰和歌集『拾遺《しゅうい》和歌集』巻９に収録されたもの（歌番号５３１）で、その詞書《ことばがき》ではただ帝に庭の梅の木を求められた女主人がその木にあった鶯の巣を見て歌を詠《よ》んだところ、帝が木を掘り取るのをやめたとあるだけで、その帝が村上であるとも女主人が紀内侍であるとも明記されていない（一説にこの女主人を「道綱母《みちつなのはは》」というがそれは『拾遺和歌集』でこの歌の直前に道綱の母の歌があることからの誤読である）。

『大鏡』の説話は『拾遺和歌集』の歌からつくられたものとみてよい（菅原利晃「紀貫之の娘「鶯宿梅《おうしゅくばい》」歌説話小考：歌徳と教訓をめぐって」『札幌国語研究』巻８・２００３）。

しかし、村上が『大鏡』作者から歌人として、また和歌の守護者としてこの説話の主人公にふさわしい天皇だとみなされていたことはうかがえる。

謡曲『絃上』にも謳われた

村上は謡曲『絃上《げんじょう》』(『玄象』ともいう)にも登場する。ただし『絃上』の主人公は村上よりもはるか後の人物、後白河《ごしらかわ》法皇の側近で琵琶の名手として有名だった藤原師長《もろなが》(1138〜1192)である。

日本で琵琶の道を極めた師長は唐土《もろこし》(年代的には宋)に渡ろうと都を出て、須磨《すま》の浦(現兵庫県神戸市)まで来た。師長は潮汲《しおく》み(製塩)の老夫婦に宿を借り、琵琶を聞かせた。

時ならぬ雨が降ってきたが、老翁《ろうおう》は小屋の屋根をふき替え始める。それは雨音を整えて琵琶と調子を合わせるためだった。驚く師長に、老夫婦は村上天皇と梨壺女御《にょうご》(村上の皇后・藤原安《あん》子《し》)の霊であると正体を明かし、龍神を呼び出して海底に隠されていた琵琶の名器・獅子丸《ししまる》を持ってこさせると師長に秘曲を伝授した。自分の未熟さを悟った師長は、渡唐を止めて日本でさらなる修行を積むことにしたという。

ちなみに「絃上」(玄象)とは『枕草子』などにも名が見える伝説的な琵琶の名器で『今昔物語《こんじゃくもの》語《がたり》集《しゅう》』巻第24「玄象という琵琶、鬼のために取らるること」によると、かつては宮中に秘蔵されていたが村上天皇の御世に鬼に奪われて姿を消したという。

謡曲『絃上』の獅子丸が鬼に奪われた玄象と同じものかは定かではないが、別だとしても、村上は霊になってかつて失った玄象に匹敵する名器を手に入れたということなのだろう。また、村上の琵琶によって師長が渡唐を止めたというのは人材の海外流出を防いだということだから、この謡曲を、倹約を心掛けた村上の方針が財だけでなく人にも向けられた話として読み取ることもできるだろう。

冷泉《れいぜい》天皇——63代／967〜969年

▼多くの奇行が伝えられる狂帝

ハムレット、暴君ネロを思わせる狂気エピソード

冷泉天皇（在位967〜969）は村上天皇の皇子で諱《いみな》を憲平《のりひら》という。憲平親王には広平《ひろひら》親王という兄がいたが、憲平が生まれてすぐに立太子されたため、広平の祖父にあたる藤原元方《もとかた》は外戚への望みを絶たれて憤死したという（憲平誕生は950年、元方逝去は953年）。

冷泉に関しては多くの奇行が伝えられており、かつては歴史学者の間でも冷泉が精神病であったことを自明の事実として記す傾向があった。

左大臣・藤原頼長《よりなが》の日記『台記《たいき》』は冷泉のことを「狂帝」「狂主」と記している。

『愚管抄』『栄花物語《えいがものがたり》』は冷泉が物怪《もののけ》につかれていた、と記し、『神皇正統記』『富家語《ふけご》』『古事談』は邪気のために太極殿《だいごくでん》での即位式ができなかった、などと記す。

また、『大鏡』によると、冷泉にとりついて皇室を乱した物怪の正体は元方の怨霊だったという。

倉本一宏氏は冷泉の狂気に関しては、大声で歌を歌ったという説話、火事に関わる説話、装束《しょうぞく》に関する説話、天皇権威を冒そうとする説話などがあり、その多くが即位前の東宮時代か、退位後の上皇時代の話とされていることを指摘している（倉本一宏『平安朝　皇位継承の闇』２０１４）。その具体例を倉本氏の著書を参考に挙げていけば次のようになる。

▼大声で歌を歌ったという説話

・宮中の渡殿《わたどの》（渡り廊下）などで、大声で歌っていた。（『源語秘訣』所引『清慎公記』）

▼火事に関わる説話

・冷泉院は蠟燭《ろうそく》で左大臣藤原道長《みちなが》の家に放火しようとした。周囲の者がいさめると「道長は富大王だからまた家を建てるだろう」と言った。（「元亨四年具注暦幷裏書」）

・宮中の南院が火災に遭ったとき、冷泉院は避難する車の簾《みす》を上げて火事の方を見ながら御神楽歌を歌っていた。（「元亨四年具注暦幷裏書」『大鏡』）

▼装束に関わる説話

・宮中にできた泥道に板を渡して橋を架けたところ、白髪の老翁が髻《たぶさ》を放ち、裾を取り乱して渡ろうとした。蔵人《くろうど》2人に連れられて帰っていったがそれが冷泉院だった。

・冷泉院はみすぼらしいものを着て、衣服を整えてくれたら御匣殿（装束を裁縫・調達する女官の長）にするぞ、と言っていた。（「元亨四年具注暦幷裏書」）

▼天皇権威を冒そうとする説話

・東宮時代の冷泉は足が痛むのもかまわず鞠《まり》を蹴り続けて、宮殿の梁《はり》の上に鞠を蹴り上げた。村上天皇から書状をいただいたとき、返事に陰茎の絵を描いた。（「元亨四年具注暦幷裏書」）

・冷泉院は三種の神器の御璽《ぎょじ》（八尺瓊勾玉《やさかにのまがたま》）の箱の紐を解いて中を見ようとしていたので、外戚の藤原兼家《かねいえ》が止めて箱の紐を結びなおした。（『江談抄《ごうだんしょう》』）

・冷泉院が三種の神器の御璽の箱を開こうとしたが白雲が立ち上がったので投げ捨てた。宝剣をも抜こうとしたが光を恐れて抜くのをやめた。（『続古事談』）

・名笛、大水竜には異なる竹で接《つ》いだところがあるが、それは冷泉が刀で削ったのを修理した跡である。（雅楽書『糸竹口伝』、笛は当時、天皇の嗜《たしな》みだった）

大声で歌ったり、みすぼらしいものを着ながら衣装係を探したりする天皇の姿には、『ハムレット』での狂人を装うハムレットを思い起こさせるものがある。また、火事を見ながら歌う院の姿は、タキトゥス『年代記』に記された、自らローマの街に火を放ち、その炎上を見ながら、詩を吟じた暴君ネロを彷彿《ほうふつ》とさせる。

もっとも『ハムレット』はシェイクスピアが書いた戯曲であり、ネロのローマ放火がうわさにすぎなかったことはタキトゥス自身も認めるところである。冷泉の狂気に関する説話も話としては面白いが、眉《まゆ》に唾《つば》しながら読むべきものだろう。三種の神器を見ようとしたという話は陽成にも見られるところで、帝の狂気を示すための定番パターンでもあったようだ。

断絶した冷泉の皇統

冷泉の即位の際、立太子されたのは冷泉の弟にあたる守平親王、のちの円融《えんゆう》天皇（64代、在位969〜984）である。969年（安和《あんな》2）、謀反《むほん》の密告により当時の有力者・源高明《みなもとのたかあきら》が失脚する安和の変が起き、そのあおりで冷泉は円融へと譲位することになる。

その直後は冷泉系と円融系の両統並立が図られた時期もあったが結局、皇統は円融系に独占されることになる。冷泉の狂気説話は、冷泉の不遇と冷泉系皇統の断絶を説明するためにつくられたものとみてよいだろう。

なお、『源氏物語』では、「冷泉帝」は物語の主人公・光源氏《ひかるげんじ》を実父としながら桐壺帝《きりつぼのみかど》の皇子として認知・立太子されたうえでの即位だった、とされている。『紫式部日記』で『源氏物語』と思われる冊子が編纂されたとある寛弘《かんこう》5年（1008）には、すでに冷泉院と呼ばれていた冷泉が存命（1011年崩御）のはずだが、出生の秘密を持つ同名の帝を物語に登場させられたということは、当時、すでに冷泉はネタにされやすいキャラとみなされていたのかもしれない。

花山《かざん》天皇——65代／984〜986年

▼好色な愚帝の実像

好色譚と仏道、芸術愛好の顔

花山天皇（在位984〜986）は冷泉天皇の皇子で諱を師貞《もろさだ》といった。叔父の円融天皇の皇太子として17歳のときに譲位されたが、19歳で円融の皇子である懐仁《やすひと》親王（一条《いちじょう》天皇、66代）に譲位した。冷泉系と円融系の両統並立期の天皇だが、のちに冷泉系皇統が断絶したため、花山についても暴君・愚帝であることを示す説話が語り継がれるようになる。

花山の悪評は主に好色譚《たん》という形で伝わった。『栄花物語』は、

・花山がお気に入りの女御を、懐妊中にもかかわらず無理やり参内《さんだい》させて、その薨去《こうきょ》を早めた。

・退位後の花山は、通う相手がいながら自分の乳母の娘とさらにその娘にも手をつけ、その2

人を続けて懐妊させた。
・退位後の花山があまりに頻繁に女の元に通うので、自分の通う相手にも手を出していると誤解した内大臣・藤原伊周《これちか》が、弟の中納言・藤原隆家《たかいえ》に相談して花山院に脅しの矢を射させたことが、伊周・隆家の失脚（長徳《ちょうとく》の変）につながった。
・花山院は乳母の娘とその娘との間にそれぞれ2人の女宮《おんなみや》をもうけたが、自分が死ぬときにはその女宮を連れていくと言っており、その崩御の直後には本当にその4人の女宮のうち3人が続けて亡くなった。
などの説話を記している。

また、『江談抄』巻第1には、花山が即位当日に内侍《ないし》を犯していたために儀式の刻限に間に合わず、叙位（朝廷の儀礼に伴う臣への位階進叙）の申文を持ってきた侍読《じどく》（天皇・皇太子の教師）の藤原惟成《これしげ》にそのまま申文を持たせて帰して、自分の代わりに叙位をさせた、という話を記している。

もっともこれらの説話は、信頼できる史料で事実が確認できないか、針小棒大に話を膨らませたものである。

公卿・藤原実質《さねすけ》の日記『少右記《しょうゆうき》』には、即位式で玉冠の重さにのぼせそうになった花山が冠を脱ぎかけたという記述があり、『江談抄』の儀式欠席の話はこれに尾ひれがついたものらしい。

また、『三条西家重書古文書』所引『少右記』逸文に、花山の従者と隆家の従者が争って花山の従者2人が殺されたという事件が記されているが、それは花山の恋愛問題とは関係がなさそうである（これだけの事件が起こったなら、隆家らの失脚もやむなしだろう）。

好色譚の一方で、花山には仏道を志《こころざ》す求道《ぐどう》者としての説話も残っている。『栄花物語』で懐妊中の女御を参内させた話にしても、女御の死が花山の突然の出家の原因となったという顚末《てんまつ》になっている。

花山が参詣《さんけい》したという伝説は、比叡山延暦寺や醍醐寺のような京とその周辺の寺院だけでなく、紀州熊野《くまの》や書写《しょしゃ》山円教《えんきょう》寺（現兵庫県姫路市）、東光山花山院菩提《ぼだい》寺（現兵庫県三田《さんだ》市）、谷汲《たにぐみ》山華《け》厳《ごん》寺（現岐阜県揖斐《いび》郡揖斐川町）、宗像大社《むなかたたいしゃ》（現福岡県宗像市）など、数多くの社寺に残っている。

『古事談』巻第6は次の説話を記す。花山が頭痛に苦しんでいたとき、陰陽師《おんみょうじ》の安倍晴明《あべのせいめい》が、花山の前世が尊い行者《ぎょうじゃ》だったこと、行者が霊場での修行の果てに世を去った後、髑髏《しゃれこうべ》が岩にはさまり、その髑髏が雨に触れて膨らむときに傷むのだと告げた。花山は人を遣わせてその髑髏を岩から取り出し、ようやく頭痛をやませることができたという。

この話は、花山の仏道への精進《しょうじん》が前世からのものであったことと、奇行の原因が前世の骸骨に由来する頭痛にあったことを暗示するものといえよう。

また、花山はすぐれた歌人であり、目利きの芸術愛好家でもあった。花山の歌は数多くの勅撰和歌集にとられているだけでなく『十訓抄』『増鏡』は花山自身が勅撰和歌集『拾遺和歌集』の撰者だったとする。

『大鏡』は、花山について宮中で馬を乗り回す、乱暴な男たちを引き連れて派手な車で物見に出かけたが検非違使に囲まれそうになって逃げ帰ったなどの奇行を記すが、一方でその歌が秀逸で人々の間によく広まっていたこと、御所の建築や庭園の設計ですぐれた工夫をおこなったこと、身の回りの品は自分で細工を指定した美しいものばかりであったことなども書き残している。

貴種流離譚としての花山の逸話

現代の研究者にも、花山に精神疾患があったと解釈する人がいる。しかし、好色や奇行に関する説話は円融系による皇統独占と冷泉系断絶を正当化するためにつくられたものと思われることから、父の冷泉と同様、花山の「狂気」も史実としては怪しいということになる。

また、社寺での修行譚にしても後世つくられたと思われる話が数多くあることから、その史実性は割り引いて考える必要があるだろう（倉本一宏『平安朝　皇位継承の闇』２０１４）。

好色と奇行、そして芸術の才能――これらは『伊勢物語』の昔男（モデルは在原業平）や『源氏物語』の光源氏といった王朝物語の主人公に通じるものがある。都を離れた地での仏道修行も『伊勢物語』の東下りや『源氏物語』の須磨・明石下向といった貴種流離譚《きしゅりゅうりたん》に通じるものである。

子孫から伯家神道が登場

江戸時代には、花山院と彼をめぐる女御たちの関係を『源氏物語』になぞらえた浄瑠璃がいくつもつくられた。たとえば１６７３年（寛文《かんぶん》13）に正本《しょうほん》が出た『花山院きさきあらそひ（花山院《かざんのいん》后諍《きさきあらそい》）』、１７０８年（宝永《ほうえい》５）に正本が出た土佐浄瑠璃（土佐少掾《しょうじょう》を祖として江戸で流行した土佐節の浄瑠璃）『源氏花鳥大全』、近松門左衛門作の『弘徽殿鵜羽産家《こきでんうのはのうぶや》』などである（鳥居フミ子「土佐浄瑠璃の脚色法（七）――「源氏物語」の浄瑠璃化――」『東京女子大学紀要論集』第36巻２号・１９８６年３月）。

浄瑠璃では花山院をめぐる女御たちは藤壺《ふじつぼ》の女御、弘徽殿《こきでん》の女御などと『源氏物語』からとった名で呼ばれる。弘徽殿への嫉妬《しっと》から生きながら怨霊と化した藤壺の調伏《ちょうぶく》が見せ場となっている出し物だった。

余談だが、学習院大学名誉教授で日本近世文学を中心に学際的研究をおこなっている諏訪春雄《すわはるお》氏によると、日本絵画で確認されている最古の「足がない幽霊」は『花山院きさきあらそひ』の挿絵に描かれた藤壺の怨霊だという（諏訪春雄『日本の幽霊』１９８８、辻惟雄編『幽霊名画集』２００８）。

さて、花山で冷泉系の皇統は絶えたが、花山の子孫からは白川伯王家《しらかわはくおうけ》（白川家）が出ている。

白川家は大中臣氏《おおなかとみ》などとともに祭祀をつかさどる家柄とされ、武家政権時代には神祇伯《じんぎはく》（律令制で神祇官の長官）の座を独占して伯家《はっけ》神道という神道流派を唱えた。だが、室町時代に台頭した吉田家《よしだ》（神祇管領長上《しんぎかんれいちょうじょう》）が次第に神社界での実権を握るようになり、その威勢を失っていった。明治時代に白川家は子爵《ししゃく》に叙せられたが、昭和期に断絶した。現在でも伯家神道の秘儀を継承しているという人物はいるが、あくまで自称である。

白河天皇《しらかわ》——72代／1073〜1087年

▼院政を始めた「治天の君」

「自分が前例」と言い放つ権力者

白河天皇（在位1073〜1087）は後三条天皇《ごさんじょう》（71代）の第一皇子で諱を貞仁《さだひと》という。後三条は白河に譲位した後も治政をおこなおうとしたようだが、退位後わずか5ヵ月で崩御した。

白河が皇子の善仁《たるひと》親王（堀河《ほりかわ》天皇、73代、在位1087〜1107）に譲位して上皇となった時点では、摂関家に藤原師実《もろざね》・師通《もろみち》父子という信頼できる相手がいた。しかし康和《こうわ》2年（1100）に関白・師通が、康和3年（1101）にはすでに引退していた師実が続けざまに逝去し、若年の藤原忠実《ただざね》が関白職の重責を負う羽目となった。

さらに堀河崩御で、当時まだ５歳だった幼帝・鳥羽《とば》天皇（74代）が即位したため、白河上皇が「治天《ちてん》の君《きみ》」として治政をとらざるをえなくなった。本格的な院政時代の始まりである。

白河は強権的な為政者だった。『源平盛衰記《げんぺいせいすいき》』は白河の言葉として「鴨川の水　双六《すごろく》の賽《さい》　山《やま》法師《ほうし》　これぞ朕《ちん》が心に従わぬ者」という天下三不《ふ》如意《にょい》（３つの思い通りにならないもの）を伝える。

かつての鴨川は蛇行する暴れ川で京都はその水害に悩まされてきた。平安時代の双六は現代の絵双六ではなく、バックギャモンに似たテーブルゲームだが、ゲーマーがふるサイコロの目次第で勝負の流れが変わることに代わりはない。山法師とは比叡山の僧兵のことである。白河の権力をもってしても、自然災害と偶然性に左右されるゲームの流れと宗教的権威を背景とした武装勢力は思い通りにはならないというわけだが、逆に言えばそれら以外のことならどうとでもしてみせるという自信が白河にはあったということである。

説話集『古事談』には白河に関する伝説・逸話がいくつも出てくる。

たとえば白河は自ら建立した寺院・法勝寺《ほっしょうじ》で供養の儀をおこなおうとしたが、三度にわたって雨にたたられ挙行できなかった。そしてようやく実施にこぎつけた当日、供養の最中に雨が降り出したため、怒った白河は雨水を容器で受けて獄舎に運び、雨そのものを禁獄《きんごく》（入牢）させたことにしたという（雨《あめ》禁獄）。

なお、藤原忠実の日記『殿暦《でんりゃく》』などには、法勝寺供養が雨で延期された記事はあるが当日は晴天でとどこおりなくおこなわれたとあり、雨禁獄の話はフィクションと思われる（生井真理子「『古事談』――白河説話郡と『今鏡』――」『同志社国文学』50号、1999年3月）。

また、白河は殺生を嫌い、鷹狩《たかがり》を禁止したことがあるが、平忠盛《ただもり》の家人《けにん》だけはなおも続けていた。白河は捕らえて尋問したが、家人は答えていわく、祇園《ぎおん》女御（白河が寵愛していた女性）に鳥肉を食べていただくためには鷹狩は欠かせず、やめるとなれば主《あるじ》の忠盛が私の首を切るだろう。たとえ白河院の怒りに触れて流罪《るざい》になったとしても命が助かる方がいい。白河院も自分の寵愛《ちょうあい》する女性のために自分が重用する武士の命で鷹狩がおこなわれたとあっては扱いに困り、この男を追放するにとどめた。

白河はまた皇后の藤原賢子《けんし》を溺愛《できあい》していた。当時のしきたりでは屍穢《しえ》を防ぐため、死期が近づいた者は禁裏《きんり》から離すことになっていたが、白河は賢子が危篤《きとく》に陥っても遠ざけようとしなかった。そして、ついに最期を迎えたとき、白河は遺体を抱きしめて放そうとしなかった。

側近の源俊明《としあきら》は、天皇上皇が遺体に触れるなど前例がないので早くここを立ち去りましょうと進言したが、白河はこう告げた。

「例はこれよりこそは始まらめ」（前例がないというなら、ここにいる自分自身がその前例となる）

いずれも、意志が強く、身近な人物への情が厚い人柄がうかがえる逸話・伝説である。もっとも、その性格が政治の場においては情実人事につながり、国政の不安要因ともなったことは否《いな》めない。

清盛御落胤説の真偽

白河の権力は武力によっても支えられていた。その中核となった人物が伊勢平氏で初めて昇殿を許された平忠盛である。『平家物語』巻６「祇園女御」は次のような話を伝える。

永久《えいきゅう》年間（１１１３〜１１１７）の頃、白河はお忍びで祇園女御の宿舎に通おうとしていて怪物に出会った。その怪物は光り物で頭は銀の針を磨いて並べたよう、片手に小槌《こづち》のようなものを持ち、もう片手には光を持っている。

白河は、供奉《ぐぶ》する武者の中から忠盛を召し、その怪物を退治するように命じた。忠盛は、危険はなさそうだとみてとり、生け捕りを試みた。すると怪物、「こはいかに」（どうしたことだ）と声を上げる。その正体は油を入れた瓶と、燈明《とうみょう》の土器を持った老僧だった。頭の針は雨避けにかぶった藁《わら》束が燈明の火に照らされたものだったのである。

白河は忠盛の冷静さを褒《ほ》め、祇園女御を賜《たまわ》った。すでに祇園女御は懐妊していたが、その子は忠盛の子として武士に育てられた。その御落胤《ごらくいん》こそが平清盛《きよもり》だったという。

もっともこの清盛御落胤説は、忠盛・清盛父子の当時の常識では異例とも思える昇進を説明するためにつくられたものらしい。『中右記《ちゅうゆうき》』（公卿・藤原宗忠《むねただ》の日記）は清盛の実母と思われる「伯耆守《ほうきのかみ》忠盛妻」の逝去について記すが、名前や系譜は不明で白河に寵愛されたことがあるような書き方ではない。清盛の官位昇進も、若い頃についていえば諸大夫《しょだいぶ》層の嫡子《ちゃくし》としては順当なものであった（倉本一宏『平氏』２０２２）。

清盛が白河の御落胤で実母は祇園女御だというのはあくまで物語の設定レベルの話だろう。院政という新たな制度は院と武家の関係を深め、それまでの常識では考えにくい栄達《えいたつ》の機会を武家にもたらした。忠盛・清盛父子はその時代の波に乗ることができたのである。

白河の女性問題について歴史物語『今鏡《いまかがみ》』は、白河より48歳も年下だった藤原璋子《しょうし》との間の醜聞《しゅうぶん》を記している。璋子は幼くして実父を失い、白河と祇園女御の養女として育てられたが、のちに鳥羽天皇に入内して皇后となり、崇徳《すとく》・後白河《ごしらかわ》両天皇の母となった。

しかし『今鏡』は、璋子がこの入内の前、少女の頃から白河と男女の関係にあったという。そして、この白河と璋子の関係が皇室と日本国にとっての災いの種となったというのだが、その顛末については次にあらためて語ることにしよう。

鳥羽《とば》天皇――74代／1107～1123年

▼皇后との不仲が生んだ伝説

鳥羽帝に食い込んだ玉藻前

鳥羽天皇（在位１１０７～１１２３）は堀河天皇の皇子で諱を宗仁《むねひと》といった。祖父・白河上皇は鳥羽の在位中はもちろん、崇徳天皇への譲位がなされてからも院政による権力を手放そうとせず、白河を本院、鳥羽を新院と呼ぶならわしが続いた。

鳥羽による院政が始まるのは、白河崩御後のことである。白河と折り合いが悪かった藤原忠実を内覧《ないらん》として政界に復帰させ、忠実の娘の勲子《くんし》を泰子《たいし》と改名して立后《りっこう》した（高陽院《かやのいん》）。また、藤原北家ではあるが摂関家ではない藤原長実《ながざね》の娘、得子《とくし》を入内させた（美福門院《びふくもんいん》）。

鳥羽とこの美福門院の間に生まれた子が、崇徳の次に即位した近衛《このえ》天皇（76代、在位１１４２～１１５５）である。

彼女らが後宮に入る前、鳥羽にはすでに皇后として璋子（待賢門院《たいけんもんいん》）がおり、５男２女をもうけていた。しかし、鳥羽と待賢門院の夫婦仲はよくなかったようである。『古事談』は、白河と待賢門院とが密通していたことは多くの人が知るところであり。鳥羽の耳にも入っていた。鳥羽は、崇徳が自分ではなく白河の子であることを知っていて「叔父子」と呼んでいたと記す（白河は鳥羽の祖父だから白河の子は鳥羽にとって叔父にあたる）。

後世の人々は、鳥羽の後宮にたちこめていた暗雲を題材として、人気キャラクターを生み出した。すなわち玉藻前《たまものまえ》である。

玉藻前が文献に登場するのは室町時代前期頃からである。御伽草子『玉藻前物語』（『玉藻の草子』）によると、玉藻前は天下無双の美人で、学識もあり諸芸に通じていた。鳥羽院は玉藻前を寵愛した。鳥羽院が病の床に伏していたとき、陰陽師・安倍泰成《やすなり》が占うと、玉藻前はかつて天竺の斑足王《はんそくおう》（インド神話に登場する暴君）の后、漢土《かんど》の褒姒《ほうじ》（周の幽王《ゆうおう》の后として西周滅亡の原因をつくったという美女）として現れた齢800歳を超える二尾の狐であった。

正体を見破られた狐は日本での本拠である下野国那須野《しもつけなすの》（現栃木県那須町）に隠れた。上総介《かずさのすけ》広常《ひろつね》と三浦介義明《みうらのすけよしあき》は鳥羽の院宣《いんぜん》により狐退治に向かい、弓の特訓を重ねてついに二尾の狐を射殺した。上総介・三浦介は上洛して、狐の遺骸を院にお目にかけたという。

謡曲『殺生石《せっしょうせき》』は、那須野を訪れた高僧・源翁《げんのう》が女と出会い、殺生石のいわれを聞くところから始まる。

殺生石は近くを飛ぶ鳥さえ落とす毒気を吐く石である。女は、その昔に帝の寵愛を受けた玉藻前という美女がじつは天竺・唐土で世を乱した悪神・妖狐の化身であったこと、正体を見破られた妖狐は上総介・三浦介の率いる数万の軍勢に追われて退治されたこと、その妖狐の執念が石になっていまも命を奪い続けているのだと語り、ついには女自身が玉藻前の化身であることを明かす。源翁は殺生石を叩き割り、妖狐を弔《とむら》ってその悪心を鎮めたという。

ちなみに石を割るための金槌《かなづち》（ハンマー）をげんのう（玄能）というのは、この謡曲『殺生石』で源翁が殺生石を割ったことに由来している。

安倍泰成のモデルは鳥羽上皇・後白河上皇に仕えた陰陽頭・安倍泰親《やすちか》であろう。上総介広常・

三浦介義明は平安時代末期の武士で源頼朝の挙兵を支えた人物、源翁は南北朝時代の禅僧でいずれも実在である。

増殖する妖狐キャラ

近世には、玉藻前の正体である妖狐《ようこ》は、中華では褒姒《ほうじ》だけでなく殷《いん》の暴君・紂王《ちゅうおう》の后として殷王朝滅亡の原因となった美女・妲己《だっき》だったという説が生じる。また、妖狐の尾の数も2本から増えて九尾《きゅうび》の狐だったということになった。

これはおそらく殷周革命（紀元前11世紀ごろの中華における王朝交代）を扱った中華の小説『武王伐紂平話』（元《げん》代）、『春秋列国志伝』『封神演義《ほうしんえんぎ》』（以上、明《みん》代）などで、妲己が九尾の狐の化身とされているものが日本へと伝えられたためだろう。

『封神演義』は現代中国でも広く読まれているが、日本では1988～89年に安能務《あのうつとむ》氏の翻訳（というより翻案）が出ることで広く読まれるようになった。安能務氏の小説を下敷きに、さらに話を膨らませた藤崎竜《ふじさきりゅう》氏のコミックやそのアニメ化作品で『封神演義』の世界に馴染《なじ》んだという人も多いだろう。

玉藻前は、江戸時代には高井蘭山《たかいらんざん》『絵本三国妖婦伝』（1803～1805）や岡田玉山《おかだぎょくざん》『絵本玉藻譚』（1805）など読本と呼ばれる小説の形で親しまれ、歌舞伎や浄瑠璃の演目にも取り入れられた。読本の中での玉藻前は鳥羽を病で苦しめるだけでなく、新たな帝を産もうとする美福門院をも害そうとする。

さて、『南総里見八犬伝《なんそうさとみはっけんでん》』『椿説弓張月《ちんせつゆみはりづき》』などを著《あらわ》した読本作家であるだけでなく考証家としても有名な曲亭馬琴《きょくていばきん》は、『昔語質屋庫《むかしがたりしちやくら》』（1810）で玉藻前について、鳥羽が摂関家の出ではない美福門院を寵愛してその子を帝につけたことが周囲の人々の怨みとなり、戦乱を招いたことを妖怪として表したものであろうと説いている。つまりは玉藻前のモデルは美福門院だというのである。

この説をとるなら、『絵本玉藻譚』などでの美福門院は、自らの影ともいうべき玉藻前に命を狙われたことになる。

なお、『昔語質屋庫』は質屋で質草として預けられた骨董《こっとう》が自らの来歴を語るという内容で、玉藻前について語るのは「九尾の狐の裘《きゅう》」、つまり玉藻前の正体の妖狐の毛皮でつくられたという衣である。いかに自分の来歴（とされるもの）が眉唾かを述べているわけでなかなかに皮肉な設定である。

武士が急浮上した院政期

院政において、本来は上皇の家政を預かる私的機関である院庁《いんのちょう》が、国政まで司《つかさど》るようになる。

一方、院政時代にはすでに律令に基づく軍政は機能しなくなっていた。したがって治安維持のための軍事力も、上皇の私兵としての武家にまかされるようになっていく。院政時代に有力武家が急速に台頭したのはこのためである。

さらに、国家の治安が私兵に委ねられるということは、上皇の私的事情がそのまま国家的動乱の引き金となる状況をも招いた。

宮中の怪異を退治するために都を遠く離れた板東《ばんどう》の武士たち（上総介・三浦介）をも動員しなければならないという玉藻前の物語は、この武家台頭の時代を背景として生まれたものでもあった。

さて、殺生石は那須湯本温泉の近くに現存している。かつては周囲に火山性の有害ガスが発生していたため、飛ぶ鳥をも落とすという伝説が生まれた場所であった。殺生石は2014年に国の名勝に指定され、現在は観光資源となっている。

2022年3月、那須町観光協会は殺生石が真っ二つに割れていることを発表した。原因は自然現象と思われるが、謡曲『殺生石』を現代に彷彿《ほうふつ》とさせるニュースである。

崇徳天皇《すとく》――75代／1123〜1142年

▼荒ぶる怨霊伝説

クーデター「保元の乱」に失敗

崇徳天皇（諱・顕仁《あきひと》、在位1123〜1142）は父であり治天の君である鳥羽との折り合いが悪く、鳥羽に迫られて弟の体仁《なりひと》親王（近衛天皇）に退位した。『愚管抄』『今鏡』は、崇徳から近衛への譲位の宣命《せんみょう》では体仁親王が「皇太弟」と記されていたとする。

院政は父である上皇が子である天皇の後見役となるという建前での政体だから、天皇の兄である崇徳は治天の君となることができず、鳥羽院政継続のもとで不遇な扱いを受けることになった（鳥羽が崇徳を実のわが子ではなく白河の子とみなしていたとの風説があったことは先述の通り）。

1156年（保元《ほうげん》元年）、鳥羽の崩御の直後に後白河《ごしらかわ》天皇（77代）は崇徳排除の兵を動かし、崇徳も反撃の兵を集めて、京での市街戦を展開した（保元の乱）。敗れた崇徳は捕らえられ、讃岐《さぬき》（現香川県）へと配流された。

後白河天皇が退位後に今様《いまよう》（平安時代中期から鎌倉時代にかけての流行歌）を集めて編纂した

『梁塵秘抄《りょうじんひしょう》』の巻2には、崇徳のことを歌ったといわれる歌がある。

讃岐の松山に　松の一本歪みたる　捩りさの捩りさに　そねうたるかやとや　直島《なおしま》の　さばかんの松をだにも直さざるらん

（讃岐松山〔現香川県松山市、崇徳の配流先〕に歪んで、ねじ曲がって、たわんでいる松が生えている。真っすぐを意味する地名の直島〔現香川県香川郡直島町〕の近くだというのに、その程度の歪みも直すことはできないのか）

保元の乱を起こした崇徳は配流されても根性が曲がっているだろう、と松の木にたとえて揶揄《やゆ》した歌である。

生きながら天魔と化す

崇徳は1164年（長寛《ちょうかん》2）に崩御し、現香川県坂出市の白峰《しらみね》山に葬られた。1177年（安《あん》元《げん》3）、山門（比叡山）の大衆が加賀《かが》（現石川県）で起きている代官と寺院の争いについて裁定を求めるべく京都に乱入し、警護の武士に矢を射られて大勢の死者が出る騒動があった。

その直後に、京の広域に広まって内裏まで焼けるほどの大火災や強盗の横行などの事件が連続して起きた。

後白河側近の三条実房《さんじょうさねふさ》の日記『愚昧記《ぐまいき》』安元3年5月9日条では、公卿たちによる会議で、一連の事件は崇徳と、保元の乱で後白河方に殺された公卿・藤原頼長《よりなが》の怨念《おんねん》によるものであろうとの意見が出たことを記している。

鎌倉時代成立の軍記文学『保元物語』は、崇徳が配流先で悔悟《かいご》の念を示すために自ら写した経典を、京の仁和寺《にんなじ》に奉納しようとしたことを伝える。

崇徳は自ら指の先を切って血を流し、その血を墨代わりにして写経したともいう。しかし、その願いは後白河によって拒《こば》まれた。

怨み憎しみにとらわれた崇徳は、髪や爪を長く伸ばし、黄色い肌、くぼんだ目に痩《や》せ細ったからだと、生きながらに天狗《てんぐ》の姿になった。崇徳は「日本国の大魔縁《まえん》となり、皇をとりて民となし民をもつて皇となさん」との誓いを立てて書写した経典を海に投げ込んだという。

『太平記《たいへいき》』巻27「雲慶未来記事」によると、出羽国羽黒山《でわのくにはぐろさん》（現山形県鶴岡市羽黒町）の山伏・雲慶が1349年（貞和《じょうわ》5）に愛宕山《あたごやま》（現京都府京都市右京区）に登った際、天狗たちが世を乱すための相談をしているのを目撃した。

その天狗たちは怨みを抱いたまま死んだ貴人や高僧の生まれ変わりで、淡路廃帝（淳仁）や後鳥羽、後醍醐といった元天皇・上皇もいた。そしてその天狗たちの中でもっとも上座にいたのが、金の鳶《とび》の姿に変じた崇徳だったという。

世阿弥《ぜあみ》作と伝わる室町時代の謡曲『松山天狗』は、歌人としても名高い西行法師《さいぎょう》が、讃岐の白峰山で天狗と化した崇徳と出会うという内容である。江戸時代の作家・国学者の上田秋成《うえだあきなり》も『雨月物語』（1776年刊）「白峰」で崇徳の怨霊と西行の会話を記している。

西行の私歌集『山家集《さんかしゅう》』には、京にいた頃の崇徳と西行とが歌のやりとりをしていたことや讃岐に流されてからの崇徳に西行が歌を贈ったことが記されている。謡曲や『雨月物語』は西行と生前の崇徳の交友を下敷きに、西行と死後の崇徳との会見を描いたものである。

明治新政府がおこなった御霊鎮め

山田雄司《やまだゆうじ》氏は著書『崇徳院怨霊の研究』（2001）で『今鏡』が語る讃岐での崇徳の有様や『山家集』、『長秋詠藻《ちょうしゅうえいそう》』（定家の父・藤原俊成《しゅんぜい》の私歌集）の記述、『玉葉和歌集《ぎょくよう》』『風雅和歌集《ふうが》』などの勅撰和歌集に残る讃岐での崇徳の歌などから、崇徳は身の不遇を嘆《なげ》いてはいても諦観《ていかん》して極楽往生を願うおだやかな晩年を過ごしていて、親しい人々には怨念などうかがえなかったことを考証している。

『保元物語』での生きながら天魔となった凄絶《そうぜつ》な姿は、崇徳の無念を代弁しようとした人々が生み出した虚像だったというわけである。しかし、いったんそのイメージが定着し、崩御後も天狗となって世を乱し続けているという話までつくられてしまうと、崇徳の実像はすっかり覆い隠されてしまった。

1868年（慶応《けいおう》4年・明治元年）9月、明治天皇は勅使を白峰山の崇徳陵に派遣してその神霊を京都に迎え、白峰宮（現白峰神宮、京都市上京区飛鳥井）を創建した。戊辰《ぼしん》戦争最中の新政府は、崇徳の怨霊がさらなる戦乱を招こうとするのを恐れて、御霊鎮《ごりょうしず》めの祭祀をおこなったのだろう。

百人一首には崇徳院の歌として「瀬を早み岩にせかるる滝川のわれても末に逢はむとぞ思ふ」の一首がとられている。これは崇徳自身が編纂を命じ、1152年（仁平《にんぴょう》2）頃に完成した勅撰和歌集『詞花《しか》和歌集』巻7・恋上にとられている歌である。上方落語の『崇徳院』（東京落語では『皿屋』『花見扇』とも題する）では、互いに一目ぼれした若旦那と娘の恋をとりもつ歌となっている。

崇徳本人は、後世に、荒ぶる怨霊としてより、うぶな恋の縁結び役として語られる方が気に入っているかもしれない。

後白河天皇《ごしらかわてんのう》——77代／1155～1158年

▼院宣を駆使した権謀術数

コンパニオンとカラオケに興じる姿

後白河天皇（在位1155～1158）は鳥羽天皇の皇子で名を雅仁《まさひと》といった。1127年（大《だい》治《じ》2）に生まれたその年に親王宣下《せんげ》を受け、1155年に近衛天皇（76代）が17歳の若さで崩御するとともに、立太子も経ぬままに即位した。その慌《あわ》ただしい即位には、崇徳天皇の皇統に皇位を譲るまいとする鳥羽上皇の意志が働いていた。

鳥羽上皇の崩御後、後白河の後見役である藤原信西《しんぜい》が平清盛や源義朝《よしとも》とともに、崇徳を奉じてのクーデターを阻止した保元の乱（1156）の後、信西政権の安定を見た後白河は在位3年で自分の皇子を即位させ（二条《にじょう》天皇、78代）、上皇として院政を敷いた。

信西政権は1159年（平治《へいじ》元年）に勃発《ぼっぱつ》した平治の乱によって崩壊するが、その最終的な勝者は反信西勢力の藤原信頼《のぶより》・源義朝を打ち破った平清盛であった。

以後、後白河は、清盛ら平家一門、義朝の甥《おい》の源義仲《よしなか》（木曽《きそ》義仲）、義朝の子の頼朝《よりとも》・義経《よしつね》兄弟ら武家勢力の不和に乗じつつ、1192年（建久《けんきゅう》3）に崩御するまで、二条・六条《ろくじょう》・高倉《たかくら》・安徳《あんとく》・後鳥羽《ごとば》の5代の御世にわたって治天の君として君臨し続けた。

その波乱の生涯は『保元物語』『平治物語』『平家物語』などのさまざまな軍記文学で語られたところである。また、後白河は当時の流行歌（今様）を好み、勅撰和歌集の代わりに今様を蒐《しゅう》集《しゅう》した『梁塵秘抄《りょうじんひしょう》』を編纂している。

ところで後白河は今様を蒐集するにあたって、さかんに宴席を設け、舟遊びなどをしながら白《しら》拍子《びょうし》（男装の舞妓にして遊女）に舞わせ、自らも歌ってその歌詞を書き留めていた。言ってみれば、カラオケパーティーを開いてコンパニオンとデュエットしながらヒット曲のリストをつくるようなものである。

これが同時代の公卿たちに快く思われようはずもない。

実際、有職故実《ゆうそくこじつ》にくわしく厳格な性格だった公卿の藤原兼実《かねざね》（九条兼実）は日記『玉葉《ぎょくよう》』元《げん》暦《りゃく》元年（1184）6月17日条に、後白河の行状《ぎょうじょう》はかつて狂主と呼ばれた陽成・花山よりひどい、と苦言を呈している。

さて、後白河が源義経に兄の頼朝を追討せよとの院宣《いんぜん》を出した直後、頼朝は、公卿・高階泰経《たかしなのやすつね》に出した書簡で、宮中には「日本第一の大天狗」がいて、人をたぶらかそうとしていると書いた。この書簡は『吾妻鑑《あづまかがみ》』と『玉葉』に引用されている。

この「日本第一の大天狗」について、鎌倉と朝廷の連絡役でありながらその任を果たしていない泰経への詰問《きつもん》という説もある。しかし、この書簡が『玉葉』にも引用されているところからすると、この「日本第一の大天狗」は院宣で頼朝と義経の間に不和の種を撒《ま》き、源氏をたぶらかそうとする後白河のことだった（少なくとも後白河に批判的な兼実はそう解釈していた）とみなすのが妥当だろう。

つくられた老獪な陰謀家像

昭和期の戦前・戦後にわたって国民的作家であり続けた吉川英治《よしかわえいじ》は、古典としての『平家物語』にとらわれず公卿の日記などの史料に基づいて源平合戦を描くことを目指して、『新・平家物語』（初出１９５０〜１９５７）という大作を著した。

後白河と聞いて、現代の歴史好きが思い浮かべる老獪《ろうかい》な陰謀家のイメージには、この『新・平家物語』の後白河像が大きく影を落としている。

あるとき、吉川は『新・平家物語』の原稿を持って出版社に向かう列車の中で知人と行き会った。

「この人、お婆さんのくせに陽気でまたひどく大声である。『わたしゃあ、法皇っていうのが憎くって、憎くって』と、いかにも実感をこめていうので、車中の乗客は、何かこの老婦人がローマ法王と喧嘩《けんか》でもしたことがあるのかといった風に奇異な眼をぼくらの方へあつめていた」（吉川英治「新平家落穂集」『吉川英治歴史時代文庫4　随筆新平家』1990年所収）

この文での「法皇」とは後白河のことである。面白いのは、このとき、吉川が運んでいたのは木曽義仲最期の場面を描いた回の原稿だったということだ。つまり、作中で、後白河が頼朝・義経兄弟を院宣で翻弄《ほんろう》する前から、後白河の謀略家ぶりは読者にこれだけの印象を残していたわけである。

吉川は同じ随筆で後白河について「政略好きで、気が変わりやすく、また臣下でないから節義を知らない」「時の氏神は、どうしても、後白河法皇である。義仲といえ、頼朝、義経といえ、いわばワキ役でしかない」などと後白河の人格への批判と、同じ人格の小説の題材としての面白さとを繰り返し書き記している。

『新・平家物語』は1972年にNHK大河ドラマの原作に採用された。その際の後白河役は、重厚な演技で定評があった新劇俳優の滝沢修《たきざわおさむ》が演じた。その後のNHK大河ドラマでも『草燃える』（1979年、二代目尾上松緑《おのえしょうろく》）、『炎立《ほむら》つ』（1993年、中尾彬《なかおあきら》）、『義経』（2005年、平幹二朗《ひらみきじろう》）、『平清盛』（2012年、松田翔太《まつだしょうた》）、『鎌倉殿の13人』（2022年、西田敏行《にしだとしゆき》）と、陰謀家としての後白河像が踏襲《とうしゅう》された（俳優はいずれも後白河役）。

特に、松田翔太氏は、遊興を通して民の心に触れようとする理想家が清盛とのかけひきを通じて政治的怪物へと変貌《へんぼう》（もしくは成長）していく過程を巧みに演じていた。

しかし、後白河が院宣を駆使して武家同士を争わせたことが、武家の組織形成を促し、結果として平家政権、さらに鎌倉幕府という形で武家の世の到来を招いたのは皮肉な成り行きであった。

三十三間堂と後白河院の頭痛

ところで1760年（宝暦《ほうれき》10）初演の浄瑠璃『祇園女御九重錦《ぎおんにょうごここのえにしき》』の三段目は『三十三間堂棟由来《さんじゅうさんげんどうむなぎのゆらい》』と題して独立の演目として扱われることが多いが、その内容は次のようなものである。

紀州熊野の山中に柳と梛《なぎ》の2本の大木がからみあって立っていた。修験者がその大木を切り倒したところ、梛は平太郎という人間の男に生まれ変わり、柳はやはり柳の木として別の場所に生まれ変わった。柳の精はお柳という女に化身し、平太郎と夫婦となって緑丸という子供を得た。治天の君・白河院は頭痛に苦しんでいたが、それは白河院の前世である修験者の髑髏が柳の木の下に埋もれているからだった。修験者は梛と柳の木を切った報《むく》いで非業《ひごう》の最期を遂げていたのだ。

白河院の頭痛を治すには、柳を切り倒して髑髏を掘り出し、その柳で寺院を立てなければならない。都の使者が柳を切るとお柳も死んでしまう。その死の床でお柳は平太郎と緑丸に髑髏を託した。

柳の木は台車に乗せられたが、大勢の人夫が引いても切り倒された場所からまったく動かない。

そこに平太郎と緑丸が現れ、木遣《きや》りを歌うと台車が初めて動き出す。柳の木とともに都に上った平太郎と緑丸は白河院に髑髏を献じ、緑丸はのちに親鸞《しんらん》聖人に弟子入りして高僧となった。この柳の大木で建てられたのが蓮華王院《れんげおういん》三十三間堂（現京都市東山区）だという。

『祇園女御九重錦』全体のストーリーは平忠盛と祇園女御の話になっているため、その作中での治天の君は白河院とされているが、史実における三十三間堂創建は後白河院によってなされている。『三十三間堂棟由来』にのみ関していえば、そこで白河院として語られている治天の君のモデルは後白河ということになる（髑髏云々については冷泉に関する説話もとりいれられている）。

いまより浄瑠璃が身近だった時代の人々は三十三間堂に詣でるとき、柳の精をめぐる物語を思い浮かべていたことだろう。

安徳《あんとく》天皇――81代／1180〜1185年

▼多彩な伝説に生きる悲劇の幼帝

安徳龍神伝説

安徳天皇（在位1180〜1185）は高倉《たかくら》天皇（80代）と、平清盛の娘・徳子《とくこ》（建礼門院《けんれいもんいん》）の間に１１７８年に生まれた。わずか3歳で即位し、壇《だん》ノ浦《うら》での平家滅亡の際に祖母の二《に》位尼《いのあま》（平時子《ときこ》）に抱かれて入水《じゅすい》したので天皇としての事蹟といえるものは皆無《かいむ》である。

しかし、戦場でその命を絶った幼帝には多くの人の同情が集まり、安徳は伝説の世界で生き延びることになった。

鎌倉時代後期に成立した年代記『鎌倉北条九《く》代記《だいき》』によると、建久９年12月（西暦では１１９９年１月頃）、初代将軍・源頼朝は相模川で橋供養がおこなわれての帰路、弟の源義経と叔父の源行家《ゆきいえ》（両者とも頼朝に追い詰められて死んだ）の怨霊を見て、動揺していたところに安徳天皇の御霊《ごりょう》が現れて落馬し、その怪《け》我《が》がもとで死んだという（頼朝の死因が橋供養の帰路の落馬にあったことは『吾妻鑑』にも記されている）。

『平家物語』「先帝御入水」は二位尼が安徳を抱いて入水するとき、「波の下にも都のさぶろうぞ」（海の中にも帝のための都があります）と告げたとする。

また、生き残った建礼門院が大原《おおはら》（現京都市左京区）に隠棲《いんせい》して念仏往生するまでを語る『平家物語』「灌頂巻《かんじょうのまき》」では、建礼門院が夢の中で安徳や平家一門が都の内裏よりも美しい宮殿で暮らしている様を見たとされる。その夢ではその宮殿のことを二位尼は「龍宮城」と呼んだという。つまり、安徳は竜宮城の主、すなわち龍神に生まれ変わっていたというわけである。

ここから、安徳はもともと龍の化身で、仮に人の姿を現していたという伝説が生まれた。平家は安徳とともに皇位の証《あかし》である三種の神器を持ち出しており、そのうち八咫鏡《やたのかがみ》と八《や》尺瓊勾《さかにのまが》玉《たま》は義経率いる源氏の軍によって回収されたが、草薙剣《くさなぎのつるぎ》だけは海に没して失われてしまった。

記紀では草薙剣はスサノオがヤマタノオロチを退治したときにその尾から得た宝剣だとする。ただし本来の草薙剣はヤマトタケルにより現愛知県名古屋市の熱田神宮に運ばれたとされており、源平合戦当時の宮中にあったのはそのレプリカであった。

天台座主《ざす》を務めた慈円《じえん》の史論書『愚管抄』巻5は、安徳について平清盛が厳島《いつくしま》神社（現広島県廿日市市《はつかいち》宮島町）に祈って生まれた子だったとして、厳島神社の神は龍王の娘とされているから、安徳はその化身で正体は龍の女神であり、最後は草薙剣を持って海に帰ったのだとする。また、草薙剣が持ち去られた理由は、武家の世の到来で皇室が剣を保持する必要はなくなるからだとする。

『平家物語』「剣の巻」は、失われた草薙剣の行方を陰陽博士《おんようのはかせ》に占わせたところ、ヤマタノオロチが草薙剣を取り戻すために人皇88代で8歳の子供（すなわち安徳）に生まれ変わって海に帰ったのだと伝える。

さらに『平家物語』異本の『源平盛衰記』では、草薙剣を探しに海に潜《もぐ》った海女《あま》が、口に宝剣をくわえ、8歳くらいの子供を抱いて海底にとぐろを巻く大蛇を見たという話を伝える。大蛇は、海女に告げた。ヤマタノオロチは龍王の子で龍宮の宝である草薙剣をスサノオに奪われて皇室に納められたのを怨み、安徳に転生して奪い返したのだ、と。つまり、この大蛇は龍王で、抱かれていた子供はヤマタノオロチの化身である安徳だったというわけである。

もっとも先に述べたように安徳とともに海底に消えた草薙剣は本体ではなくレプリカだったはずだが、龍（厳島明神もしくはヤマタノオロチ）の化身としての安徳はそれで満足したようである。諸星大二《もろほしだいじ》郎《ろう》氏による『妖怪ハンター』シリーズの一篇「海竜祭の夜」（１９８２年初出）は、安徳と龍神に関する伝説に基づいた作品である。

硫黄島や対馬に逃れ、はては新興宗教の教祖に

安徳に関する伝説といえば、ほかに生存説と女帝説がある。

鹿児島県硫黄島には、壇ノ浦を逃れた安徳天皇がこの島までたどり着き、御所を置いたという伝説がある。戦後、熊沢《くまざわ》天皇（昭和20年代に、南朝系の皇統を継ぐと自称した熊沢寛道《ひろみち》のこと）問題がきっかけでニセ天皇ブームが起きると、マスコミは硫黄島の神職で安徳の子孫と言われる長浜豊彦（１８９６〜１９８４）に対して「長浜天皇」という呼称を与えた。

しかし、長浜は虚名に踊らされることなく、半農半漁の地道な生活を続け、島民から信頼されながらその生涯を終えた。彼は島民に推され、選挙管理委員長を務めたこともあったという。

安徳の末裔《まつえい》を称する家で特に有名なのは対《つ》馬《しま》国（現長崎県対馬市）の大名だった宗氏《そうじ》である。宗氏はもともと大宰府在庁官人《だざいふざいちょうかんじん》・惟宗《これむね》氏（秦《はた》氏系）から出た豪族だったようだが、幕府や明治政府に提出した系譜では、平家の生き残りの子孫を称する一方で、19世紀頃から安徳天皇直系とし

ての系譜もつくっていた。

対馬には安徳天皇陵と称される塚があり、明治期には陵墓認定運動が展開されたこともある。そのため、宮内庁でもその塚を安徳天皇御陵墓参考地としていちおうは認定している。ちなみに対馬を舞台とする、たかぎ七彦《ななひこ》氏の『アンゴルモア元寇《げんこう》合戦記』に安徳天皇その人と思《おぼ》しき老人が登場するのも、その伝説を踏まえてのものである。

宇《う》佐国造《さくにのみやつこ》・宇佐神宮大宮司《だいぐうじ》家直系、旧男爵・宇佐家の一族で亡父より一子《いっし》相伝《そうでん》の口伝《くでん》書を託されたという宇佐公康《きみやす》氏によると、都落ちした平家が宇佐神宮に逗留《とうりゅう》した際、当時8歳だった宇佐家嫡男・宇佐公仲が安徳と入れ替わって身代わりを務めることになった。壇ノ浦で入水したのは公仲だったという。安徳は、表向きは宇佐家の嫡男として大宮司職を継いだ。つまりそれ以降の宇佐家は安徳天皇の子孫というわけである（原田実『トンデモニセ天皇の世界』２０１３）。

子孫を伴わない安徳天皇隠棲《いんせい》伝説地となると、九州・中四国地方の各地にある。安徳天皇伝説地を訪ね歩いた作家の柞木田《たらき》龍善《だりゅうぜん》（１９１４〜１９９８）は、対馬や硫黄島のほかに山口県、大阪府、鳥取県、三重県、高知県、愛媛県、宮崎県、熊本県など十数ヵ所で安徳隠棲の伝説があるとしている（柞木田龍善『安徳天皇と日の宮幣立神宮』１９８６）。

伝説というわけではないが、安徳生存説での変わり種としてはインドネシアはジャワの王になったというものがある。１９７０〜90年代に古日本史や東洋史にまつわる奇説を唱え続けた鹿島昇（１９２６～２００１）が唱えたものである。

ジャワ島の歴史書『デーシャワルナナ』（14世紀成立）、『パララトン』（16世紀成立）によると１２２２年、ジャワ島にシンガサリ王国を建てた英雄ケン・アンロクは、その覇道《はどう》を、宝剣を得るところから始めたとされる。

鹿島の説くところでは、ケン・アンロクとは建礼門院の子・安徳という名乗りであり、彼が得た宝剣とは安徳とともに海底に沈んだことになっている草薙剣だったというわけである（鹿島昇『義経＝ジンギス汗新証拠』１９８７）。

フィクションの世界では、竹本座座元として幾多の傑作浄瑠璃を世に出した二代目竹田出雲《たけだいずも》（１６９１～１７５６）が三好松洛《みよししょうらく》・並木千柳《なみきせんりゅう》と合作した『義経千本桜《よしつねせんぼんざくら》』（１７４７年初演）に、壇ノ浦で死んだはずの平知盛《とももり》と安徳がじつは生き延びており、知盛が安徳を義経に託すという展開になっている。

また、昭和期に作家・評論家として活躍した花田清輝《はなだきよてる》（１９０９～１９７４）の『小説平家』「大秘事」では、後鳥羽院の御世に伊予《いよ》国で新興宗教の教祖となった怪人物・天竺冠者がじつは安徳天皇の成長した姿だった、という小見出し通りの大秘事が語られている（ちなみに天竺冠者は鎌倉時代の説話集『古今著聞集』巻12「後鳥羽院御時伊予国の博奕者天竺の冠者が事」に登場する人物で、自分の母親のミイラを祀り託宣をおこなって信者を集めたばくち打ちだという）。

『平家物語』が示唆する中世版「リボンの騎士」

さて、『義経千本桜』についてだが、この作品の安徳天皇には生存説の他にもう一つの趣向がある。それは安徳が世間から男帝とみなされていたがじつは女帝だったため、鎌倉の詮議《せんぎ》を逃れるのに有利だったというものだ。

安徳女帝説を明確に説いたことで有名な人物としては加賀《かが》領主・前田《まえだ》家に仕えた儒学者の太田《おおた》錦城《きんじょう》（1765〜1825）がいる。錦城は随筆集『悟窓漫筆《ごそうまんぴつ》拾遺』で「安徳帝は女子にておはしませども平相国《へいしょうこく》（清盛）の勢いにて男子なりと唱え」帝位を継いだのだとしている。

安徳女帝説の根拠は『平家物語』自体にある。たとえば巻3「公卿揃」には、徳子出産のとき、皇子誕生なら甑《こしき》を御殿の南に落とす、皇女誕生なら御殿の北に落とす、と定めていたのを誤って北に落としたため、甑を引き上げて南に落としなおしたという記述がある。

ここから読者の側には、女子が生まれたものを男子と偽って発表しなおしたのではないかという憶測《おくそく》を働かせる余地が生じるわけである。なにやら手塚治虫《てづかおさむ》『リボンの騎士』の発端を思わせる話である（ヒロイン・サファイア姫は手違いで男子として発表されたため、王子として育てられることになる）。

さらにいえば、『愚管抄』で安徳が女神である厳島明神の化身だとしているのも、女帝の暗示と読めなくもない。もっとも慈円がこの記述を残した際に念頭にあったのは、仏教経典『妙法蓮《みょうほうれん》華経《げ》』（法華経《ほけ》）「提婆達多品《だいばだったぼん》」にある竜女成仏のくだりだろう。

仏教には、女性は仏にはなれないという教えがあるが、釈迦《しゃか》の前に現れた８歳の竜王の娘は『法華経』の功徳でその体を男に変えること（変成男子《へんじょうなんし》）により、仏になることができたという。『法華経』は天台宗でもっとも重んじられる教典であり、天台座主だった慈円は８歳で崩御した安徳を、８歳の竜王の娘と重ね合わせることでその成仏を祈ったものと思われる。

後世の安徳女帝説は、『愚管抄』の安徳女神説における宗教的背景を度外視して、即物的に解釈しなおした産物と考えられる。

ちなみに甲南大学教授（日本中世文学専攻）の田中貴子《たなかたかこ》氏は『平家物語』での女帝の暗示について「〝男子の天皇〟という〝正統性〟を犯すものとしての〝女帝〟」「（女という）障碍《しょうがい》を身にまとい、清盛の傀儡《かいらい》として天皇に奉られた不吉な天皇」「平家滅亡を予感させる存在」と断じ、そこには中世社会における女性への偏見が投影されているものとみなしている（田中貴子『あやかし考』２００４）。

硫黄島の伝説をはじめとする安徳生存説は、幼少で海に沈んだとされる安徳への同情に心理的根拠を持つものであり、フィクションの世界のものと割り切った方がよさそうである。

幼帝の戦場における崩御という日本史上、空前にしておそらく絶後であろう事態を受け入れるために、人々はかくもさまざまな伝説をつくらなければならなかったのである。

後鳥羽天皇《ごとば》——82代／1183〜1198年

▼流罪になった万能の教養人

配流先の隠岐でも『新古今和歌集』を添削

安徳天皇が平家に擁《よう》されて西国へと去ったため、天皇不在の京では新たな帝を擁立する必要が生じた。複数の候補の中から践祚《せんそ》したのは高倉院の皇子・尊成《たかひら》親王、すなわち後鳥羽天皇（在位1183〜1198）である。「天に二日なし」（天空に太陽は2つないように地上に天皇が同時に2人立つことはない）という原則は初めて破られた。

三種の神器は安徳の身柄とともに平家に抑えられていたため、後鳥羽は神器なしで即位式もおこなわなければならなかった。後鳥羽はその即位が神器を欠いた不完全な儀式であったからこそ、自らが天位につくにふさわしい人物であることを示そうとしたようである。後鳥羽は1198年（建久《けんきゅう》9）、19歳で退位して院政を始めた。

後鳥羽の文化面での業績といえば、『新古今和歌集』編纂が挙げられる。編纂開始は1201年（建仁《けんにん》元年）、当時を代表する歌人たちを院宣により撰者として集めたが、その中でも中心的役割を果たしたのが藤原定家である。

定家は鎌倉幕府3代目将軍・源実朝《さねとも》の歌の師でもあった。実朝の存命中、後鳥羽院と実朝、ひいては朝廷と幕府の間はおおむね良好だった。

後鳥羽は歌道のみならず、書画・管弦（音楽）・蹴鞠《けまり》の名手で、刀剣に凝《こ》っては自ら刀を打った。現在も皇室の紋章として用いられる十六葉菊紋は、後鳥羽が銘に代わって自作の刀に入れるために自らデザインしたものである。

京風の雅《みやび》な文化にあこがれていた実朝は、万能の教養人でもあった後鳥羽とウマがあったのである。

しかし、1219年（建保《けんぽ》7）、実朝は甥の公暁《くぎょう》に暗殺され、後鳥羽と幕府執権《しっけん》・北条義時《ほうじょうよしとき》の対立が表面化する。1221年（承久《じょうきゅう》3）、後鳥羽は義時追討の院宣を発したが、鎌倉方ではこれを幕府そのものの存続の危機と解し、国を二分する内乱となった。すなわち承久の乱である。

戦闘は幕府方の勝利に終わり、後鳥羽とその子で後鳥羽の挙兵を支持した順徳院《じゅんとくいん》はそれぞれ隠《お》岐《き》（現島根県隠岐郡）と佐渡（現新潟県佐渡市）に流罪となった。やはり後鳥羽の子の土御門《つちみかど》院は、後鳥羽の挙兵に反対していたが父や弟を止められなかったことを悔《く》いて、自ら流刑を望み、土佐（現高知県）へと下った。

後鳥羽は流刑先の隠岐においても『新古今和歌集』の添削を重ね、理想の歌集を求め続けた。その作業の成果は、定家の子孫である冷泉《れいぜい》家に伝わった隠岐本と称される『新古今和歌集』異本からうかがうことができる。

なお、後鳥羽の隠岐流刑に際して『吾妻鑑』は、警護の武士たちに囲まれて出雲大湊（現島根県大社町）に行き、そこから船で隠岐に渡ったとするが、中国地方の各地に他のルートをたどったという経由地伝説があり、内田《うちだ》康夫《やすお》『後鳥羽伝説殺人事件』（1985）の表題の由来となっている（ちなみにこの作品は名探偵となる前の「浅見《あさみ》光彦《みつひこ》」デビュー作である）。

さらに現佐賀県神崎市脊振《せふり》町には、隠岐を脱出した後鳥羽が晩年を過ごしたという伝承地があり、後鳥羽を祭神とする後鳥羽神社が建っている。

盗賊を捕らえる武勇伝

さて、橘成季《たちばなのなりすえ》という元官吏が1254年（建長6）に著した説話集『古今著聞集《ここんちょもんじゅう》』は後鳥羽の武勇に関する逸話を伝える。

後鳥羽院の世に交野八郎《かたののはちろう》という盗賊の首領が今津（琵琶《びわ》湖沿岸）を本拠としていた。後鳥羽はこれを捕らえるために武士を遣わしただけでなく、自ら舟を出して行幸した。

賊は屈強《くっきょう》なうえに水泳も巧みで、大勢で囲んでもなかなか捕らえられない。後鳥羽は重たい舟の櫂《かい》を持ち上げ、それを振り回しながら賊の方を指して武士たちに指図した。

やがて交野八郎は自ら投降してきた。武士たちだけが相手なら逃げのびる算段はあったが、櫂を振るう後鳥羽の剛力ぶりにもはや逃げ道はないと悟ったのだという。後鳥羽は交野八郎が気に入り、中間《ちゅうげん》（召使）として仕えさせることにした。

もとより噂話ではあろうが、後鳥羽の武勇がほぼ同時代にどのように伝えられていたかがうかがえる話である。後鳥羽本人がいかに武勇を誇ろうとも、軍事のプロである板東武者相手では匹《ひっ》夫《ぷ》の勇にすぎなかったというところか。

慈円は『愚管抄』に実朝暗殺とその後の朝廷・幕府間の考証について記しているが、承久の乱に直接言及していない。慈円はすでに三種の神器から剣が失われたのは朝廷の軍事を幕府に任せるべき印《しるし》と解していたのだから、朝廷と幕府の和を壊そうとした後鳥羽のおこないは道理に外れたものとしか思えなかったのだろう。

南北朝時代の北畠親房《きたばたけちかふさ》は『神皇正統記』において、源頼朝が武功を挙げ、北条泰時《やすとき》（義時の子、3代執権）が善政をおこなおうとしている時期に、自らの功がない後鳥羽が幕府を攻めようとしたのは徳に欠けると非難した。これは、彼が仕えた後醍醐《ごだいご》天皇（96代）が倒幕に成功したのは幕府がすでに徳を失っていたからだ、という主張の前提とするための解釈だが、親房が後鳥羽の挙兵を愚行《ぐこう》とみなしていたことは間違いない。

「魔縁に落ちても関白以下の者に災いはもたらさない」

承久の乱を扱った軍記文学としては『承久記《じょうきゅうき》』があるが、鎌倉時代の成立ということもあって後鳥羽に対しては、むやみに武勇を振るおうとしたと批判的に描いている。面白いのは、『承久記』には後鳥羽が崩御後に怨霊になったことを示す記述が見当たらないことである。

死者を御霊として祀るということは、その死に後ろめたさを感じた者が名誉を回復させ、その加護を求めようとするものである。鎌倉幕府としては後鳥羽の流罪や流刑先での崩御は自業自得《じごうじとく》として扱いたい問題でもあり、その霊を祀るべき怨霊とみなすかどうかの政治的判断は微妙だったのだろう。

鎌倉時代末期成立とされる歴史物語『五代帝王物語《ごだいていおう》』では、1234年（文暦元年《ぶんりゃく》）に仲恭《ちゅうきょう》天皇（85代）と後堀河院《ごほりかわ》（86代）が相次いで崩御したのは、配流先で存命中の後鳥羽の怨念によるものと噂されたとある。後鳥羽の怨念がその生前から恐れられていたという伝承自体は興味深い。

後鳥羽の離宮跡に建てられた御影堂《みえい》（霊を鎮めるお堂）には、後鳥羽が隠岐配流の直前に残したという「後鳥羽院御置文案文《ごとばてんのうおんおきぶんあんもん》」という文書があった。それは後鳥羽が、自分が死後に魔縁に落ちても（悪霊になっても）関白以下の者に災いはもたらさない（災いを受けるのは天皇上皇のみ）と誓ったという内容である。

元の置文は後醍醐天皇が借りだした後に建武《けんむ》の動乱で紛失したとされ、現在残っているのは案（証文の控えとしてつくられた写し）だという。

後醍醐が後鳥羽の置文を借りだした目的は、鎌倉幕府を倒すために後鳥羽の助けを得ようとしたためとみてよいだろう。

室町時代になると『後鳥羽院御霊託記』という後鳥羽の怨霊をテーマとする本が登場する。その内容は、鎌倉幕府に怨みを抱く後鳥羽の霊は、後醍醐天皇を助けて幕府を滅ぼした。しかし、後醍醐は後鳥羽の霊をないがしろにしたために南朝は衰え、後鳥羽の霊を丁寧に祀った室町幕府と北朝が栄えることになったというものである。

後鳥羽の離宮後の御影堂では、北朝の後土御門《ごつちみかど》天皇（103代、在位1464〜1500）があらためて後鳥羽の神霊を迎えて祀っている。現在の水無瀬《みなせ》神宮（現大阪府三島郡島本町）で「後鳥羽院御置文案文」もそこに伝えられている。後鳥羽の怨霊鎮めの場というわけだが、現在では環境庁指定・名水百選の一つ「離宮の水」が湧くところとしても有名である。

「百人一首」と後鳥羽のミステリアスな関係

さて、後鳥羽は隠岐で『時代不同歌合《うたあわせ》』という歌集を編んでいる。これは時代が違う歌人2人の歌を掛け合いのように50組ならべ、合計100人100首の歌で構成したものである。

歌人100人で合計100首の歌集といえば、定家が編んだとされる「百人一首」が連想される。百人一首は、定家が京都・小倉山に設けていた山荘に色紙として貼られていたという伝承から「小倉百人一首」とも称される（小倉山荘跡と称される場所は京都市内に複数あり）。

定家の日記『明月記《めいげつき》』には、1235年（文暦2）5月23日に蓮生《れんじょう》入道（俗名・宇都宮頼綱《うつのみやよりつな》）が建てた嵯峨中院という山荘の障子に飾る色紙として、天智天皇から定家の同時代人である藤原家《いえ》隆《たか》・藤原雅経《まさつね》の名歌を選んで送ったとあり、これが百人一首編纂の契機になったとされる。あるいは小倉山荘に貼られていたという伝承はこの嵯峨中院の色紙の件から生じたものかもしれない。

後鳥羽の『時代不同歌合』への対抗心が、定家に百首の歌を一組とする構想をもたらした可能性については、寺島恒世《てらしまつねよ》氏の指摘がある（寺島恒世『百人一首に絵はあったか』2018）。

1951年、宮内庁書陵《しょりょう》部に定家撰で101人各1首合計101首の歌集で、百人一首とよく似た内容のものがあることが報告された。その直後に同じ内容の古写本が複数見つかり、百人一首の草稿もしくは異本であるとみなされた。この歌集は「百人秀歌」と呼ばれている（吉海直人『百人一首の正体』角川ソフィア文庫版、2016。寺島恒世『百人一首に絵はあったか』前掲）。百人一首は末尾に「後鳥羽院」と「順徳院」の歌が収められているが、百人秀歌にはこの2人の歌はない。

後鳥羽院　人もをし人もうらめしあぢきなく世を思ふゆゑにもの思ふ身は
順徳院　　ももしきや古き軒場のしのぶにもなほあまりある昔なりけり

放送作家の織田正吉は百人一首と百人秀歌の関係を考察するうちに、百人一首には暗号が隠されており、百人秀歌はその暗号を解く鍵として残されたという説を唱えた。織田によると、定家は後鳥羽への敬慕の念を抱きながらも、後鳥羽が罪人とされた以上、その思いを明らかにできないため、暗号として百人一首に隠したのだという（織田正吉『絢爛たる暗号』1978）。

織田の百人一首暗号説発表以降、幾人もの追随者が百人一首の暗号を正しく説いたのは自分であると名乗りをあげることになった（たとえば林直道『百人一首の世界』1986、太田明『百人一首の魔法陣』1997など）。

しかし、この定家による暗号説は、実際には成り立たない。

まず、百人一首暗号説をとるなら、その暗号成立に不可欠の後鳥羽と順徳の歌は構想の最初から入れる予定だったことになるが、後鳥羽崩御は1239年、順徳崩御は1242年で、嵯峨中院に色紙を寄せた1235年には2人とも存命である。罪人だから敬慕をはばかるというのであれば、この2人の歌を最初から入れようとは思わないだろう。第一、流刑先で存命の後鳥羽の歌をあえて歌集に入れようとすること自体、暗号にするまでもなく敬慕の念の表明になってしまう。

また、後鳥羽を「後鳥羽院」、順徳を「順徳院」として百人一首に名を記した者は定家本人ではありえない。彼らは罪人とされていたからこそ、正規の諡号《しごう》を与えられるまでに紆余《うよ》曲折があり、「後鳥羽」の諡号が定まったのは1242年（仁治《にんじ》3）、「順徳」が定まったのは1249年（建長元年）になってからである。1241年没の定家には、彼らの諡号を知るすべさえなかった。

百人一首には、明確に鎌倉時代までさかのぼるような古写本はなく、注釈書が出てくるのも室町時代になってからである。現在のように広く知られるようになったのは、江戸時代にいくつもの版本が出され、往来物《おうらい》（寺子屋・手習などで教材に使われた和本）や歌かるたとしても普及したからである。

百人一首は、定家の構想に基づいて定家の子である藤原為家《ためいえ》が完成させたという説もある（吉海直人『百人一首の正体』前掲、草野隆『百人一首の謎を解く』２０１６）。また、村井《むらい》康彦《やすひこ》氏は、正確な年代は不明としながらも、鎌倉幕府の威光が衰えた後世になって初めて後鳥羽・順徳両院の歌が加えられたのだろうとしている（村井康彦『藤原定家『明月記』の世界』２０２０）。

成立のいきさつはどうあれ、百人一首を通して歌人としての後鳥羽の名が現在まで知れ渡っていることは間違いない。あるいはそれこそが、怨霊にまでなったとされる後鳥羽への最大の供養であろうか。

コラム　勅撰和歌集と言霊信仰

六国史と入れ替えに盛んになる勅撰和歌集

東アジアの歴代王朝は、自分たちの権力の正統性を示すために「正史」を編纂してきた。ここでいう「正史」とは、東アジアの知識層の共通言語である漢文で書かれ、朝廷によって編纂もしくは認可された史書のことである。「正史」の様式は中華で整えられ、朝鮮半島、ベトナム、琉球などの王朝も中華にならっての「正史」編纂事業をおこなっている。

日本ではかつて６つの「正史」が編纂されており、それを総称して六国史ということは第１章に述べた。その内訳は次の通りである。（　）内はそれぞれが完成した年を西暦で示したものだ。

『日本書紀』（７２０）　『続日本後紀』（８６９）
『続日本紀』（７９７）　『日本文徳天皇実録』（８７８）
『日本後紀』（８４０）　『日本三代実録』（９０１）

「正史」は、本来は、国主に関する出来事を記す本紀《ほんぎ》と、その国主を支える諸侯に関する出来事を記す世家《せいか》、官僚や民で国家に対する大きな役割を果たした人物や集団について記した列伝、制度・文物の歴史を記した志《し》、年表などの表、といった各要素で構成された「紀伝《きでん》体」によって書かれるべきなのだが、六国史は本紀にあたる要素意外をほぼ持たない「編年《へんねん》体」によって書かれている。

さて、日本での正史編纂事業が事実上の終焉《しゅうえん》を迎えたのとほぼ同時期から盛んになるものとして、勅撰和歌集の編纂がある。勅撰和歌集とは、天皇の詔勅《しょうちょく》もしくは上皇の院宣に基づき、国家事業として編纂された歌集である（有吉保『勅撰和歌集入門』２００９）。
通常、勅撰和歌集として知られるのは次にあげるところのいわゆる「二十一代集」である。

『古今和歌集』（９０５頃）
『後撰和歌集』（９５３頃）
『拾遺《しゅうい》和歌集』（１００６頃）
『後《ご》拾遺和歌集』（１０８６）
『金葉《きんよう》和歌集』（１１２６）
『詞《し》花《か》和歌集』（１１５１頃）
『千載《せんざい》和歌集』（１１８７）
『新古今和歌集』（１２０５）
『新勅撰和歌集』（１２３５）
『続《しょく》後撰和歌集』（１２５１）
『続古今和歌集』（１２６５）
『続拾遺和歌集』（１２７８）
『新後撰和歌集』（１３０３）
『玉葉《ぎょくよう》和歌集』（１３１２）
『続千載和歌集』（１３２０）
『続後拾遺和歌集』（１３２６）
『風雅《ふうが》和歌集』（１３４９）
『新千載和歌集』（１３５９）
『新拾遺和歌集』（１３６４）
『新後拾遺和歌集』（１３８４）
『新続古今和歌集』（１４３９）

このほか、平城天皇の項（１２４ページ）で述べたように、『古今和歌集』の仮名序・真名序は『万葉集』を平城の勅撰とする説を伝えている。また、南朝の長慶《ちょうけい》天皇（98代）が編纂させたという『新葉《しんよう》和歌集』（１３８１）を準勅撰和歌集とみなす説もある。

「君臨すれども統治せず」と「季節の巡り」

中華における紀伝体の「正史」は、世界の中心としての皇帝の事蹟を中心として、その周辺の世界での人物や事物が果たした役割を説明するものだった。紀伝体は、世界における皇帝の正統性を浮き彫りにするための叙述形式だったのである。

また、中華に限らず、国家が倒れ、国号が変わるということは、その統治者が国主としての正統性を失ったということでもあるため、「正史」は対象となる国家の滅亡への過程をも説明するものとなった。

しかし、「正史」は結局、日本人には馴染《なじ》まなかったのだろう。中華の皇帝が専制君主であり、その言動はそのまま国家の方向性を示すものとなるのに対して、日本では、８世紀の律令国家成立の時点で、権力は天皇を補佐するものによって行使され、天皇は権威として君臨するが実際の政治は補佐する臣によっておこなわれるという統治形態が形成されていた。

二十一代集は、10世紀から15世紀半ばまでの５世紀半の間に編纂された。日本の朝廷は単純に計算してもほぼ25年に一つというペースで勅撰和歌集を編んでいたことになる。

勅撰和歌集の構成は基本、春・夏・秋・冬に分類された四季の歌、恋の歌、その他もろもろの歌からなっている。つまり、そこでは日本人にとって時の経過の基本である「季節の巡り」が重視されている。

また、もろもろの歌については哀傷歌《あいしょうか》（人の死を悼《いた》む歌）、離別歌、羈旅歌《きりょ》（旅の歌）などの部もしばしば建てられるが、これら恋の歌とともに歌った者、歌を寄せられた者の人生の反映である。さらに各歌に添えられた詞書《ことばがき》は、その歌の作者の身分や朝廷との関係、歌われた時、状況などを記すものであり、そこからも各歌の作者の人生に関する情報を得ることができる。

つまり勅撰和歌集において、天皇・上皇自らが歌ったとされる歌や天皇・上皇とのやりとりの中で歌われた歌は「正史」における本紀、その他の歌は「正史」における列伝と同じような機能を持っているのである。

言霊信仰と結びついた勅撰和歌集

『古今和歌集』仮名序には次のようにある。

「力をも入れずして天地《あめつち》を動かし目に見えぬ鬼神をもあはれと思はせ男女のなかをもやはらげ猛《たけ》きもののふの心をもなぐさむるは歌なり」

歌が天地を動かし鬼神にも作用する、というくだりは言霊《ことだま》の偉大さの宣言でもある。「正史」が天命《てんめい》思想に支えられているように、勅撰和歌集は言霊思想と結びついている。日本の朝廷は「正史」をつくることを中止した代わりに、自分たちにとって「正史」よりもふさわしい時間管理の様式として勅撰和歌集を選んだ、ということになる（原田実『天皇即位と超古代史』２０１９）。

室町時代の編纂になる『新千載和歌集』『新拾遺和歌集』『新後拾遺和歌集』『新続古今和歌集』は、幕府・足利将軍家からの執奏《しっそう》に基づいて朝廷が勅命を下す、という形式を踏んで編纂がおこなわれた。勅撰和歌集は朝廷の権威を世に示すものだったが、室町幕府はその執奏によって朝廷の権威の護持者であることを主張したわけである。

しかし、応仁《おうにん》の乱（１４６７〜１４７７）以降の乱世で、朝廷は大規模な国家事業をおこなうための後ろ盾を失った。その後の織豊《しょくほう》政権や江戸幕府の治世でも、朝廷が独自の事業を起こすための権限が制限され、ついに勅撰和歌集編纂事業は途絶えてしまったのである。

しかし、和歌を重視する伝統は、歴代の天皇・皇后陛下御製や年始の歌会始《うたかいはじめ》、毎月の宮中歌会という形で皇室にいまも受け継がれている。

第5章　乱世を生き抜く天皇

後醍醐《ごだいご》天皇——96代／1318〜1339年

▼破壊と創造のトリックスター

建武新政権の瓦解

後醍醐天皇（在位1318〜1339）の諱は尊治《たかはる》、後宇多《ごうだ》天皇（91代、在位1274〜1287）の皇子として生まれ、花園《はなぞの》天皇（95代、在位1297〜1318）の皇太子に立てられたうえで花園天皇退位とともに即位した。

それより前、承久の乱での政治犯だった土御門《つちみかど》上皇の皇子から即位した後嵯峨《ごさが》天皇（88代、在位1242〜1246）は自分の皇子である兄弟を相次いで皇位につけた。後深草《ごふかくさ》天皇（89代、在位1243〜1259）と亀山《かめやま》天皇（90代、在位1259〜1274）である。後嵯峨は皇位の決定を鎌倉幕府に委ねることで、朝廷の安寧を保とうとした。

こうして後深草に始まる持明院統《じみょういんとう》と亀山に始まる大覚寺統《だいかくじ》とで、幕府の裁定を享《う》けながら交互に皇位を譲り合う制度が始まった。

後宇多は亀山の皇子で大覚寺統、花園は持明院統であり、順当にいけば後醍醐は持明院統の皇子に皇位を譲ることになっていた。

しかし、後醍醐は、持明院統はもちろん、自分の直系以外の大覚寺統の皇族にも皇統を明け渡す気はなかった。また、後醍醐は自らの生前から諡号《しごう》を後醍醐と定めていたように、天皇親政とされていた延喜《えんぎ》・天暦《てんりゃく》の世（醍醐・村上の御世）を理想視しており、幕府による武家政権そのものを敵視してもいた。かくして後醍醐の戦いは始まる。

1324年（正中《しょうちゅう》元年）の倒幕計画挫折《ざせつ》、1331年（元徳《げんとく》3）の幕府による捕縛《ほばく》と隠岐《おき》への流刑、1333年（元弘《げんこう》3）の隠岐脱出と倒幕実現、天皇親政の建武《けんむ》政権樹立と、その前半生はライトノベルかRPGのヒーローばりの冒険である。

ライトノベルやRPGのヒーローで大切なのはパーティーの構成だが、後醍醐は楠木正成《くすのきまさしげ》・結城《ゆう き》親光《ちかみつ》・名和《なわ》長年《ながとし》・千種《ちくさ》忠顕《ただあき》ら「三木一草《さんぼくいっそう》」に、吉田定房《よしださだふさ》・北畠親房《きたばたけちかふさ》・万里小路《までのこうじ》宣房《のぶふさ》ら「後の三房《のちさんぼう》」、児島高徳《こじまたかのり》ら忠臣や護良《もりよし》親王はじめ勇猛な皇子らに囲まれ、その点でも主人公たるに申し分なかった。また、当初は幕府軍の主将として後醍醐追討のために上洛したがあっさり寝返った足《あし》利高氏《かがたかうじ》の活躍も目覚ましく、後醍醐は彼に自らの諱から「尊」の一字を与えて足利尊氏と名乗らせたくらいだった。

しかし、建武政権は後醍醐自身の統治能力の欠如《けつじょ》と幕府の残存勢力を糾合《きゅうごう》した中先代《なかせんだい》こと北条《ほうじょう》時行《ときゆき》の抵抗、そして尊氏の離反によってあっけなく瓦解《がかい》した。

南北朝分裂の最大戦犯

この時点では、かつて幕府が擁立した持明院統の光厳《こうごん》上皇（北朝1代、在位1331～1333）が京に健在だった。尊氏は後醍醐と和睦《わぼく》し、光厳を治天の君として後伏見《ごふしみ》天皇（93代、持明院統）の皇子を新帝に擁立した（光明《こうみょう》天皇、北朝2代、在位1336～1348）。尊氏は光厳・光明の下で自らの幕府を開く（室町幕府）。

一方、後醍醐は吉野《よしの》に逃れると、現在、北朝が皇位の証として奉じている三種の神器は偽物で本物は自分の手元にある、と主張した。これにより皇統は吉野の南朝と京の北朝に分裂することになる。

なお、北朝の歴代が持明院統から出ていたので誤解されがちだが、大覚寺統と南朝は同じではなく、後醍醐直系以外の大覚寺統の皇族は京に残って北朝方についた（永井晋『鎌倉幕府はなぜ滅びたのか』2022）。

南朝の三種の神器が「本物」だったとしても、それは後醍醐が、和睦の際に光厳と尊氏を騙して偽物を渡したということになるのだから、あまり自慢になることではない。

建武政権崩壊、南北朝分裂とそれがもたらした動乱における最大の戦犯が後醍醐であることは間違いないだろう（原田実『トンデモニセ天皇の世界』2013）。

1339年（南朝・延元《えんげん》4／北朝・暦応《りゃくおう》2）8月、後醍醐は吉野で崩御した。『太平記』巻21「先帝崩御事」には、臨終の床についた後醍醐は、天下平定と京都奪還を遺言し、左手に法華経、右手に剣を握ったまま息を引き取ったと記されている。

建武政権樹立までの後醍醐をヒーローとすれば、建武政権以降の後醍醐はさしずめトリックスターというところか。いや、鎌倉幕府を掻きまわして滅亡に追いやった手腕を思えば、トリックスターこそ彼の本質だったのかもしれない。

『太平記』と南朝びいき

南北朝分裂の動乱を主に南朝視点から描いた軍記が『太平記』と題されているのはいかにも皮肉である。また、「後の三房」の一人である北畠親房も南朝の臣の視点から史論『神皇正統記《じんのうしょうとうき》』を著《あらわ》した。一方、この動乱を室町幕府の視点から描いた軍記には『梅松論《ばいしょうろん》』がある。

江戸時代の武家社会では、『太平記』が描く南朝の忠臣たちは武士の鑑《かがみ》として尊ばれた。また、街頭で『太平記』を講釈する「太平記読み」と呼ばれる芸人も現れ、『太平記』は庶民《しょみん》にも親しまれた。

ゲリラ戦で鎌倉幕府を苦しめ、尊氏方との決戦で凄惨《せいさん》な最期を遂げた楠木正成や、隠岐護送中の後醍醐の救出を試み、失敗してもなお「天勾践《てんこうせん》を空《むな》しうするなかれ。時に范蠡《はんれい》無きにしもあらず」という漢詩を桜の木に刻んで残して後醍醐を勇気づけた児島高徳ら忠臣たちの活躍も『太平記』の読ませどころ（聞かせどころ）だった。

ちなみに勾践は古代中華・春秋時代の越《えつ》の王で、范蠡は越が呉《ご》に敗れたときに勾践を助けて復《ふっ》仇《きゅう》をなさしめた功臣である。高徳については『太平記』以外の同時代史料に登場しないというので、架空の人物だという説まである。

また『太平記』が広く読まれることで後醍醐が隠岐配流の際や脱出後に通ったとされる岡山県や鳥取県の各地に、後醍醐ゆかりの伝説地が生まれた。

たとえば隠岐を脱出して上陸した直後の後醍醐が腰かけたという後醍醐天皇御腰掛岩（現鳥取県西伯郡大山町）や、樹齢1000年以上で隠岐に流される途中の後醍醐が花を見て讃えたという醍醐桜（現岡山県真庭《まにわ》町）などである。

江戸時代に水戸徳川家が編纂した『大日本史』は、南北朝時代について南朝正統説の立場をとった。その要因としては『太平記』に基づく南朝びいきの風潮や、徳川家が南朝の忠臣・新田義《よし》貞《さだ》と同族だったと主張していたことなどもあるが、さらに別の要素として、皇學館大学教授（歴史学専攻）の岡野《おかの》友彦《ともひこ》氏は『大日本史』自体の構想に一種の革命思想があったことを指摘している。

すなわち、『大日本史』が南朝を正統としたのは、南朝の断絶をもって皇室は日本の実質の王権を失い、それ以降の正統な王権は武家政権のものとなった、と暗示するためだったというのである（岡野友彦『源氏長者』2018）。

しかし、19世紀に入る頃に『大日本史』に基づく水戸《みと》学は変質し、武家政権はあくまで皇室から日本の統治・軍事を委託されただけだという説が主流となった。

近代日本は、水戸学を国家イデオロギーの根幹としながら、『大日本史』から引き継いだ南朝正統説と現実の皇室が北朝系であることの矛盾《むじゅん》を克服できなかった。その問題については、のちにあらためて論じたい。

後醍醐が引き起こした南北朝分裂は室町幕府の下でいったん和解（事実上の南朝終焉《しゅうえん》）がなされて後も、長らく日本史に影を落とし続けることになったのである。

長慶《ちょうけい》天皇――98代／1368〜1383年

▼偽書の格好の的

謎の生涯、存在すら危ぶまれた天皇

後醍醐の後を継いで南朝2代に即位した後村上《ごむらかみ》天皇（97代、在位1339〜1368）には寛成《ゆたなり》親王という皇子がいた。しかし寛成については、後村上による立太子の時期さえ不明瞭で、天皇として践祚《せんそ》したかどうかさえ危ぶむ説もあった。

江戸時代の『大日本史』などでは寛成を「長慶」という諡号で南朝の歴代天皇に数えていたが、非在位説は明治期においても有力であり続けた。

1920年（大正9）、南朝史研究の大家だった八代国治《やしろくにじ》がそれまでの研究成果をまとめた著書『長慶天皇御即位の研究』を刊行。また、やはり大正期に『耕雲千首《こううんせんしゅ》』（歌人・花山院長親《かざんいんながちか》が南朝に詠進した千首の歌）の研究が進み、後亀山《ごかめやま》天皇（99代、在位1383〜1392）の御世に天皇と別に南朝の上皇もいたことが判明。後村上がすでに崩御している以上、この上皇は践祚後に弟の後亀山へと譲位した寛成以外にいないということになった。

宮内省はこれら学界の動向をも踏まえ、1926年（大正15）、詔書の発布をもって長慶天皇（98代、在位1368〜1383）を南朝3代として正式に皇統に数えた。また、その際には、現京都市右京区嵯峨天竜寺角倉町にある円丘が長慶天皇陵（嵯峨東陵）に治定された。

長慶は『仙源抄《せんげんしょう》』（『源氏物語』註釈書）を表したり、勅撰集『新葉《しんよう》和歌集』などにも御製《ぎょせい》を残したりと、歌人・文人としての才能に恵まれた人物だった。しかし、その生涯には謎が多く、1392年（北朝・明徳《めいとく》3／南朝・元中《げんちゅう》9）に南北朝合一をとりきめた「明徳の和約」で後亀山が京に迎えられたときも、長慶は存命中だったと思われるにもかかわらず同行していなかった。

そのため、長慶は歴史よりも伝説の世界で活躍する人物となった。すなわち、長慶は室町幕府への抵抗のために行幸を重ね、旅の空の下に崩御した、という伝説を日本各地に残すことになったのである。

１９３５年（昭和10）からその翌年にかけて宮内省が設置した臨時陵墓調査委員会では、長慶天皇陵があるという各地からの報告を審議し、73件について、報告者の想像や伝説・付会・偽作で疑わしいとした（ただし、そのうち11件については念のために現地調査をおこなう必要があるとしている）。また、それと別に報告を受けたが書類が整わずに審議できなかったものも6件あったという（外池昇「臨時陵墓調査委員会による長慶天皇陵の調査──設置から「伝説箇所」の審議まで──」『日本常民文化紀要』第29輯、２０１２年3月）。

『富士宮下文書』が告げた長慶天皇陵？

そして長慶天皇伝説はいわゆる「超古代史」「古史古伝《こしこでん》」の世界にまで影を落としている。オカルトファンの間で日本の「超古代史」「古史古伝」として人気が高い『富士宮下文書《ふじみやしたもんじょ》』と『竹《たけ》内《うち》文書』、そのどちらも長慶天皇伝説との関連で世に出たものだったのである。

『富士宮下文書』は現山梨県富士吉田市大明見《おおあすみ》の地にあった古代宗廟《そうびょう》・阿祖山太神宮《あそやまだいじんぐう》に伝わっていたと称される古文書・古記録の総称である。それによると、太古の富士北麓《ほくろく》は日本神話でいう高天原《たかまのはら》（皇祖神がいた天上らしき世界）であり、そこには皇室に先行する王朝が栄えていたという。

『富士宮下文書』が話題になったのは１９２１年（大正10）、三輪義熙《みわよしひろ》という人物が『富士宮下文書』の神代史に関する部分をダイジェストした『神皇紀《じんのうき》』という本を出してからだった。

『神皇紀』は刊行直後から東京日日新聞・時事新報・大阪毎日新聞（現毎日新聞）、万朝報《よろずちょうほう》、国民

新聞・都新聞（現東京新聞）、読売新聞、中央新聞（立憲政友会機関紙）、東京朝日新聞・大阪朝日新聞（現朝日新聞）、報知新聞、東京毎夕新聞、新愛知新聞（現中日新聞）、山梨日日新聞、山梨民友新聞、『日本及日本人』『大日本』『日本魂』『大観』『国本』『解放』『彗星』などの多数の新聞雑誌による好意的な書評を集め、当時のベストセラーになったのである。

『富士宮下文書』ブームのきっかけをつくった三輪は、もともと南朝忠臣の末裔《まつえい》を主張する神官の家柄で、仕事のために赴任した現富士吉田市で南朝に関する伝説を調査するうちに『富士宮下文書』とめぐりあったものだった。

『富士宮下文書』に基づいて富士北麓を探査していた三輪は、山中で「天照皇太神」と刻んだ標石を見つけた。その奥にある小さな石の祠《ほこら》を覗き込んだ三輪は、その屋根裏に「寛成天皇塚」と刻まれているのを見た。さらに左右に置かれた石仏の礎石に「長慶天皇」「皇后藤原氏」「陵墓」といった文字があることまで確認したという。

三輪は1903年（明治36）、1908年（明治41）の2回にわたって、明治天皇に長慶天皇陵発見を上奏《じょうそう》したが却下されてしまった。

そこで自分の発見を世に広めるべく、『富士宮下文書』自体の宣伝のために著したのが『神皇紀』だったというわけである。三輪は1924年（大正13）、『富士宮下文書』に基づいて後醍醐の挙兵から南北朝合一までの「歴史」をまとめた『長慶天皇紀略』という著書も著している。

『富士宮下文書』によると、長慶は、阿祖山太神宮の故地である富士北麓の阿祖谷（現山梨県富士吉田市大明見）に潜行して南朝方の指揮をとっていたため、歴史の表舞台から姿を消す形になったのだという。

『富士宮下文書』は、戦後のオカルトブームや古代史ブームにおいてもしばしば取り沙汰《ざた》されてきた。静岡県の郷土史家で『富士宮下文書』を根拠に超古代文明論を展開した加茂喜三《かもきぞう》は南朝についても『隠れ南朝史・富士山麓が陰の本営だった』（1979）、『南北朝実相史』（吾郷清彦との共著、1987）という著書を出している。

実際には『富士宮下文書』自体が近代の偽書で阿祖山太神宮は架空《かくう》の存在だったのだが、富士の「長慶天皇伝説」はその壮大な物語の一部として創作されたわけである。

ちなみに近年、山梨県で『富士宮下文書』を教典とし、古代の阿祖山太神宮の再興を主張する宗教法人「不二阿祖山太神宮」という団体が活動しているが、架空の神社を僭称《せんしょう》するというのもいささか滑稽《こっけい》な話である（原田実『偽書が揺るがせた日本史』『疫病・災害と超古代史』ともに2020）。

長慶天皇陵からキリスト墓まで網羅する『竹内文書』

さて、現青森県三戸郡《さんのへ》新郷村《しんごう》の戸来《へらい》野月という地域には、かつて「ミコノアト」と呼ばれていた旧家がある。三戸郡では先述の臨時陵墓調査委員会でも3ヵ所が調査対象となっており、長慶天皇伝説がかなり定着していた地域である。新郷村の中でも西越崩《くずれ》という地域には長慶天皇陵があるとされ、毎年8月末頃に慰霊祭がおこなわれている（「長慶天皇伝説」残る青森県新郷村で慰霊祭」『産経新聞』2019年8月31日、「地域の伝承を後世へ　長慶天皇祭」『デーリー東北』2020年9月1日ほか）。

戸来野月地域の「ミコノアト」も、もともとは「皇子の後裔《こうえい》」の意味で長慶ゆかりの伝説を持つ家系だったと思われるのだが、この家に何らかの伝承があったとしても残念ながら昭和10年代頃に破壊され、現在では原型さえとどめていない。

ことの発端は1935年（昭和10）、戸来村（現新郷村）の村役場が当時の高名な画家・鳥谷幡《とやばん》山《ざん》に村興《おこ》しのためのアイデアを求めたことだった。それに答えて鳥谷が戸来村に紹介したのが、茨城県在住の竹内巨麿《たけうちきよまろ》という人物である。

巨麿は天津教《あまつ》（現宗教法人皇祖皇太神宮《こうそこうたいじんぐう》）という新興宗教の教祖で、竹内家は南朝忠臣の家系だと主張し、南朝関係の器物や文書の拝観で物見高い人々を集めていた。

ところが新たな「古文書」や「神宝」を出していくうちに話は膨らみ、昭和10年までには、太古の天皇は天空浮船《あめそらうきふね》という乗物で地球全土を巡行して全世界を統治した、旧約聖書の預言者モーゼと古代ローマの伝説上の建国者ロミュラス（ロムルス）は同一人物で日本の天皇の下で修行した（したがって旧約聖書の律法《りっぽう》とローマ法はどちらも日本天皇の訓戒《くんかい》に基づいて編纂されている）、という荒唐無稽《こうとうむけい》な物語に発展していた。

鳥谷は戸来村にエジプトよりも古いピラミッドがあると考えており、そのお墨付きを巨磨から得ようとしたのである。鳥谷と戸来村役場の案内で戸来村を歩いた巨磨は、戸来野月地域にあった二つ塚という由来不明の土饅頭《どまんじゅう》を重視し、十来塚と十代墓と名付けた。

いったん天津教本部に帰った巨磨はその年の10月、新たな「古文書」が出てきたと鳥谷らに伝えた。それはイエス・キリストの遺言状であり、若き日のキリストが日本で修行したこと、弟のイスキリを身代わりに刑死を逃れて再来日していたこと、十来塚はキリスト本人、十代墓は弟イスキリの墓であるということなどを示す内容だった。

これが現在に至るも新郷村で最大の観光資源となっている「キリストの墓」の発祥である（原田実『偽書が描いた日本の超古代史』２０１８、『天皇即位と超古代史』２０１９、前掲『疫病・災害と超古代史』）。

「キリストの遺言状」を含む皇祖皇太神宮の「古文書」「神宝」は『竹内文書』と総称され、現在もオカルトマニアや一部の古代史ファンにもてはやされている（最近ではYouTubeで紹介されて新たな支持者を増やしているようである）。

それはさておき、二つ塚がキリストとその弟イスキリの墓にされることで、その近くにいた「ミコノアト」も神の御子《みこ》、すなわちキリストの子孫ということにされてしまった。「ミコノアト」＝キリストの子孫説を広めたのは『竹内文書』信奉者でジャーナリストの山根菊子（山根キク）という人物である（山根菊子『光りは東方より』１９３７年。ただし１９５８年の著書『キリストは日本で死んでいる』ではキリストの従者の子孫という説に修正)。

もっとも臨時陵墓調査委員会の報告を読むと、数多くの事例の中には、何となく偉い人に関する伝説があるというのを長慶天皇にあてただけのようなものもある。「ミコノアト」のミコを長慶天皇にあてようが、キリストにあてようが、新郷村の人にとっては経済効果だけの問題なのかもしれない。

なお、『竹内文書』では長慶天皇陵は大阪府北河内郡磐船村(現大阪府交野《かたの》市)にあったとされている。『竹内文書』には「後醍醐天皇御真筆」「長慶天皇御真筆」という「古文書」も含まれていたが、京都帝国大学文科大学学長を務めた碩学《せきがく》・狩野《かのう》亨吉《こうきち》は論文「天津教古文書の批判」(『思想』1936年6月号)で「後醍醐天皇御真筆」「長慶天皇御真筆」をとりあげ、明確な偽作と断じている。なにしろ別人の筆でなければおかしい2つの御真筆がまったく同じ筆跡だったというのだから、語るに落ちたというところか。

ちなみに、臨時陵墓調査委員会の報告では、山梨県南都留《つる》郡旧福地八幡宮傍の事例(「阿祖山太神宮」の件)について「偽作タル富士文書ヲ根拠トスルモノナリ」、大阪府北河内郡磐船村の事例について「所謂《いわゆる》竹内文書ナル偽作ヲ根拠トセルモノナリ」と断じている。

光明天皇《こうみょう》

▼政治とは距離をおく静かな生き方

北朝2代／1336〜1348年

南北朝対立＝天皇親政と院政の対立

光明天皇（在位1336〜1348）は後伏見天皇《ごふしみ》（93代、在位1298〜1301）の皇子で名を豊仁《とよひと》という。光明の兄の量仁《ときひと》親王は、後醍醐が倒幕に失敗した1331年（元弘《げんこう》元年）に光厳《こうごん》天皇（在位1331〜1333）として即位していた。流刑先の隠岐を脱出した後醍醐があらためて倒幕の軍を起こし、治天の君だった後伏見上皇や光厳ら主だった皇族を捕らえた。後伏見は出家し、光厳も退位させられた。

建武政権崩壊後、足利尊氏は光厳上皇に豊仁親王、すなわち光明の即位を奏請《そうせい》した。弟に譲位した光厳は、これにより治天の君として朝廷の政務をとりしきる立場となった。皇統譜では、光厳は北朝1代、光明は北朝2代に数えられている。

天皇親政による専制政治を理想とする後醍醐に対し、尊氏は上皇を治天の君とする院政の維持を求めた。後醍醐に始まる南朝と、足利氏に擁立された北朝の対立は、天皇親政と院政のどちらを是《ぜ》とするかというイデオロギー対立でもあったわけである。

光明は、光厳の皇子である益仁《ますひと》親王（のちに興仁《おきひと》と改名）を立太子し、1348年（南朝・正平《しょうへい》3／北朝・貞和《じょうわ》4）に譲位した。すなわち崇《す》光《こう》天皇（北朝3代、在位1348〜1351）である。光明は上皇となったわけだが、その後も自らの兄であり、崇光の父である光厳を治天の君として立て続けていた。

1350年（南朝・正平5／北朝・観応《かんのう》元年）に勃発《ぼっぱつ》した足利幕府の内紛（観応の擾乱《じょうらん》）のため、足利尊氏は一時、南朝に降伏した。その際に光厳・光明・崇光の三上皇と有力皇族の直仁《なおひと》親王（公的には花園天皇の皇子だが、光厳の実子ともいわれる）は男山《おとこやま》（現京都府八幡市）、河内国東条（現大阪府富田林《とんだばやし》市）、大和国賀名生《あのう》（現奈良県五條市）・河内金剛寺（現大阪府河内長野市天野町）と、次々と移送されつつ幽閉《ゆうへい》されることになる。

学問好きで政治権力には無関心

在位中も退位してからも治天の君である光厳の陰に隠れ続けていた感がある光明だが、その生涯にも一つの謎がある。光厳・崇光両上皇と直仁が解放されて京に帰ったのは1357年（南朝・正平12／北朝・延文《えんぶん》2）の春のことだった。ところが光明だけは1355年（南朝・正平10／北朝・文和《ぶんな》4）には京に戻っていたのである。

石原比伊呂《いしはらひいろ》氏は、光明が他の皇族より先に解放されたという事実に光明の個性（政治的立場）が現れていることを示唆《しさ》した。

光明は歴代天皇の中でも特に学問に熱心だったという。光明は漢学について菅原公時という学者に師事していた。公時が死去したとき、光明は日記に「嗚咽《おえつ》しかるに悲泣、すこぶる心襟を傷ましむ」（ただ泣けるばかりで何の意欲もわかない）で締めくくられた追悼の辞を記している。しかし、その翌日には、別の学者から儒学の古典である『尚書《しょうしょ》』（『書経』）と『大学』の講書を受けていた。光明はそれについて「講書如例」と記し、あえていつもの通りにふるまったことを強調している。

また、光明は天皇に即位して以来、一条経通《いちじょうつねみち》や洞院公賢《とういんきんかた》ら公卿に対してさかんに有職故実《ゆうそくこじつ》について質問し、朝廷の儀礼をとどこおりなく進めることに熱心だったことも、光明自身の日記をはじめとする諸史料からうかがえる。

以上から、光明が学問と伝統を重んじた人物であったことがうかがえる。それに対して改元や崇光の践祚など、その在位中における国家の重大事は光厳と足利氏にまかせて積極的に動こうとしていない。

例外としては１３４８年の伊勢奉幣使派遣があるが、これも次の帝である崇光のために自分の即位の際にはできなかった伊勢神宮への報告を済ませておこうという意味のものであった。

光明は、自分の権力維持や、具体的な政略には無関心だった。石原氏の結論も、そのような人柄ゆえに南朝からも光明は危険視されることなく、むしろ繊細な人柄が同情をそそったために光厳らより一足先に帰京することを許したのだろうというものであった（石原比伊呂「光明天皇に関する基礎的考察」『聖心女子大学論叢』第134巻・2019年12月）。

しかし、乱世だからこそ、自らの権勢を求めず、文化の保護者たらんとしたその生き方は魅力的である。

帰京後の光明は洛外に隠棲《いんせい》して静かな余生を過ごした。彼が表舞台にふたたび姿を見せたのは1364年（南朝・正平19／北朝・貞治《じょうじ》3）、光厳崩御における葬儀での参列者の一人としてであったという（『常照寺記録』）。

なお、持明院統では代々、琵琶が重んじられており、光厳も南朝方に幽閉されている間に崇光に琵琶の秘曲を伝授している。ところが光明は笛に親しみ、神楽の秘曲の伝授をうけたり、御遊《ぎょゆう》始（新年に宮中でおこなう管弦音曲の催し）でも琵琶ではなく笛を嗜《たしな》んだりしていた。

このあたり、北朝の正統は琵琶の秘曲とともにあくまで光厳から崇光に受け継がれるべきで、自分は中継ぎにすぎないという自制の表れだったのかもしれない。

後小松天皇《ごこまつてんのう》

▼尽きない異説や御落胤説

——100代／1382〜1412年

足利義満の皇統簒奪計画説

後小松天皇（在位1382〜1412）は、後円融《ごえんゆう》天皇（北朝5代、在位1371〜1382）の皇子で名を幹仁《もとひと》といった。1392年（南朝・元中《げんちゅう》9／北朝・明徳《めいとく》3）、左大臣・征夷大将軍の足利義満《よしみつ》の仲介によって南朝・後亀山《ごかめやま》天皇（99代、在位1383〜1392）の三種の神器は後小松に譲渡され、南朝の事実上の終焉という形で南北朝合一はなされた。

1395年1月（応永2年12月）、義満は将軍職を辞し、武家としては平清盛以来の太政大臣《だいじょうだいじん》に昇進した。その翌年、義満は太政大臣も辞して出家し、明《みん》との外交交渉をおこなった。明の建文《けんぶん》帝は勘合《かんごう》貿易（明の皇帝に冊封《さくほう》された国王が皇帝に朝貢するという建前での交易）をおこなうために、義満を「日本国王」に封じている。

1408年（応永《おうえい》15）5月、義満が世を去ったとき、後小松は彼に「太上天皇《だじょうてんのう》」を追号しようとした。この追号に対しては幕府の方で辞退したが、太上天皇が退位した天皇に与えられる称号である以上、後小松は義満を天皇と同等か、準じる立場にいたと認めていたことにある。

この「日本国王」号や、「太上天皇」追号などを根拠に、義満は生前に皇統簒奪《さんだつ》の計画を着々と進めていたと論じたのが今谷明《いまたにあきら》氏である（今谷明『室町の王権』1990、『日本の歴史9 日本国王と土民』1992、ほか）。

今谷氏によると、義満が皇位につけようと画策したのはわが子の足利義嗣《よしつぐ》だった。義満は、義嗣の兄の義持《よしもち》に征夷大将軍を継がせているので、簒奪に成功すれば兄弟で武家の棟梁《とうりょう》たる将軍と、天皇の位とを握ることになったはずだったという。

この今谷氏の皇統簒奪計画説を踏まえ、義満は皇統を守ろうとする公家によって暗殺されたという説まで登場するにいたった（井沢元彦『天皇になろうとした将軍』1992、百田尚樹『日本国紀』2018）。井沢元彦《いざわもとひこ》氏はその暗殺の実行犯について能楽大成者の世阿弥《ぜあみ》だと名指しまでしている。

しかし、今谷氏の説が発表されてから当時の制度に関する研究が進み、現在では、義満は皇統に属さないからこそ事実上の最高権力者として振る舞うことが可能であり、子孫が不自由な「天皇」の位につくことも望んでいなかった、という解釈が主流となってきた。

つまり、義満の皇統簒奪計画なるものは初めからなかった、というわけである。今谷氏の説については、結論は怪しいにしても室町幕府と当時の朝廷の制度に関する議論のきっかけとなったという形で研究史に位置づけられているが、派生した義満暗殺説については箸《はし》にも棒にもかけようがない（原田実『捏造の日本史』２０２０年）。

皇室を否定した熊沢天皇の主張

義満の皇統簒奪計画について論じたのは今谷氏が最初ではない。歴史学者・田中義成《たなかよしなり》は１９２2年（大正11）の『南北朝時代史』で、すでに義満に簒奪の意図あり、と唱えていた。熊沢寛道《くまざわひろみち》は『南朝と足利天皇血統秘史』において、義満は単に簒奪を目論んだだけではなく、それに成功していたと説いた。すなわち後小松が後円融の皇子という公式の歴史は虚偽で、じつは義満の実子だったというのである。後小松が義満の専横を許したのも、死後に太上天皇号を贈ろうとしたのも、彼が実父だったからであり、さらに後小松の血を引く現在の皇室も足利氏の末裔にすぎないというわけである。

寛道とその父の大然は南朝・後亀山天皇の直系の子孫を称しており、明治時代から政府に熊沢家を皇族と認めるよう建白や上奏を繰り返していた。戦後、不敬罪の消滅とともに、寛道は熊沢家こそ正統の天皇家であり、現皇室は皇統として不適格であると主張するようになった。メディアはこの寛道の主張を面白がり、彼を「熊沢天皇」と呼ぶようになった。こうして、熊沢天皇はいわゆる自称天皇、偽天皇の典型として知られるようになる。

その寛道が、現皇室が皇統として不適格であるという主張の根拠にしたのが、明治政府の公式見解でもあった南朝正統説と、義満簒奪説だったわけである。

実際には寛道が示した熊沢家の系図は明確な偽作であり、熊沢家が南朝の直系だったという可能性はまずない（原田実『トンデモニセ天皇の世界』2013）。

また、後小松天皇の系統は次の代の称光天皇《しょうこう》（101代、在位1412～1428）で断絶して崇光天皇（北朝3代、在位1348～1351）を祖とする伏見宮家から出た後花園天皇《ごはなぞの》（102代、在位1428～1464）から新たな皇統が発しているため、後小松の出自と現皇統とは関係はない、ということになる。何にしても、熊沢寛道の主張は皇室に対する言いがかりの域を出ないものだった。

「一休さん」後小松御落胤説

後小松自身の出自に関する異説のほかに、後小松については御落胤《ごらくいん》伝説もある。一休宗純《いっきゅうそうじゅん》は破天荒《はてんこう》な禅風で知られた室町時代の高僧だが、彼とほぼ同時代の公家・東坊城和長《ひがしぼうじょうかずなが》の日記『和長卿記《かずながきょうき》』明応《めいおう》3年（1494）8月1日条には秘伝として、一休和尚は後小松天皇の御落胤だったと記していた。

一休御落胤説は後世のさまざまな一休の伝記に踏襲《とうしゅう》されており、彼の出自について、いわば通説ともいうべきものとなっている。

一休宗純はその自由な禅風から、後世、彼をモデルにした小坊主一休のとんち話が語られるようになった。年配の方ならテレビアニメ『一休さん』（1975～1982）で一休とんち話に馴染んでいたという向きも多いだろう。

アニメ『一休さん』では、無理難題を言い出す「将軍様」を小坊主・一休がとんちでやりこめるというのがパターンとなっていた。あの「将軍様」のモデルは足利義満だから、後小松の出自に関する異説と一休御落胤説をともに認めるなら、あのアニメの視聴者は毎週、祖父と孫とのじゃれ合いを見ていたことになる。

義満は出家後、上皇の後小松とともに「治天の君」として振る舞っていた。「治天の君」は上皇の役割でもあるから、彼が没後、「太上天皇」号を与えられようとしたのも、上皇と同格とみなされていた表れといえよう。

そして後小松の崩御後、「治天の君」は名ばかりのものとなり、「治天の君」の統治権は武家政権に委ねられることになる。義満と後小松は武家政権と皇室の関係が変化する一つの画期にいたことは間違いない。

後小松はまた、神代《じんだい》以来の皇統を系図としてまとめよという勅命を発し、その成果は１４２６年（応永《おうえい》33）に『本朝皇胤紹運録《ほんちょうこういんじょううんろく》』としていったん完成した。

後世、彼自身の出自に関する異説や御落胤説が生じたことを思えば、彼は自分の世代で皇統の正統性を系譜として残しておく必要を感じ取っていたのかもしれない。

後奈良《ごなら》天皇——１０５代／１５２６〜１５５７年

▼戦国の世を生き抜く対応力

パワーバランスの変化に巧みに対応

後奈良天皇（在位１５２６〜１５５７）の諱は知仁《ともひと》という。後奈良は史上唯一《ゆいいつ》、在世中に源氏と間違われた天皇であった。

後奈良は即位前から歌道・漢学・雅楽・香道・囲碁・蹴鞠《けまり》とさまざまな方面に才能を示していたが、当時はいわゆる戦国時代で朝廷の最大のスポンサーともいうべき室町幕府が機能不全を起こしていた。

そのため、後奈良は父・後柏原《ごかしわばら》天皇（１０４代）が崩御した１５２６年（大永《たいえい》６）の時点で践《せん》祚《そ》はしていたが、きちんと即位式をおこなえたのは10年後の１５３６年（天文《てんぶん》５）になってからだった。その即位費用は、周防《すおう》の大内義隆《おおうちよしたか》や越前《えちぜん》の朝倉孝景《あさくらたかかげ》、相模《さがみ》の北条氏康《ほうじょううじやす》、駿河《するが》の今川氏輝《いまがわうじてる》、美濃《みの》の土岐頼芸《ときよりなり》ら大名たちからの寄進によって賄《まかな》われたのである。

天文8年から9年にかけての日本は、畿内での洪水頻発や全国的な飢饉《ききん》などの災異に見舞われ、後奈良は自ら般若心経《はんにゃしんぎょう》を書写して諸国の一宮《いちのみや》（それぞれの国を代表する神社）に納めさせるなどして人心の安定に努めた。この災異は幕府にとっても大打撃だった。

1549年（天文18）、幕府の衰微を天下に示す事件が起きる。阿波国《あわ》（現徳島県）を本拠として畿内にも勢力を持つ三好《みよし》氏の当主争いに端を発した戦乱により、前将軍・足利義晴《よしはる》と将軍・足利義輝《よしてる》がともに近江に亡命し、畿内を三好長慶《ながよし》が占拠する形となったのである。

現在では三好長慶を信長《のぶなが》・秀吉《ひでよし》・家康《いえやす》に先立つ天下人とみなし、長慶による畿内占拠を三好政権として評価する見方が歴史学者の間にも定着しつつある。

足利将軍家が亡命先で健在とはいえ、長慶が畿内の覇者《はしゃ》となった以上、朝廷も長慶との関係を良好に保たなければならない。長慶が連歌《れんが》好きで文芸を重んじる人物だったこともあり、温厚な性格で教養人でもあった後奈良はその難局を巧みに乗り切っていった。

「日本国王源知仁」として明の使者に面会

1556年（弘治2・明の嘉靖35）、明の使者である沈孟綱と胡福寧が京都を訪れ、「日本国王源知仁」と面会した。明使は長慶や公卿たちとも協議し、倭寇《わこう》（九州や壱岐《いき》・対馬を拠点としての海賊行為や密貿易）をとりしまることを日本側に約束させた。

上洛した明使たちの上司で九州にとどまって現地情報を集めていた鄭舜功《ていしゅんこう》は、帰国後に『日本《にほん》一鑑《いっかん》』という日本調査報告書を書いたが、その中で日本国王と長慶の良好な関係について記し、長慶を日本の耶律楚材《やりつそざい》（遼《りょう》建国の功臣）だと讃えている。

さて、「日本国王源知仁」が後奈良天皇のことであることは言うまでもない。問題はなぜ、鄭舜功も含む明使が後奈良天皇の氏姓を「源」と思ってしまったかである。

武家政権の時代には天皇は直接外交に関わらないという不文律《ふぶんりつ》があった。天皇が、異国という得体《えたい》の知れないものと触れることは穢《けが》れを背負うことにつながるという観念が生じていたからである。

また、中華との正式国交を結ぶにはその国の君主が中華の皇帝から王として承認される手続きが求められるが、これは君主が中華の皇帝の臣下となることを意味する（冊封体制《さくほう》）。いちおうは「皇」を称している日本の天皇は、いかに名目上とはいえ異国の皇帝の臣下にはなれなかったのである。

1170年（嘉応《かおう》2）には、平清盛が日宋貿易推進のために福原京《ふくはら》（現兵庫県神戸市）で後白河法皇と宋の商人を会見させたが、これは平家に対する公卿の反感を募らせる結果を生んだ。また、南北朝時代に後醍醐天皇の皇子・懐良《かねよし》親王率いる南朝方が九州の大宰府《だざいふ》を占拠したとき、懐良が自分は皇位についていないのを幸い明に国交を求め、「日本国王良懐」として冊封されたこともある（「良懐」は外交用の別名か）。

室町幕府の3代将軍・足利義満は明との外交折衝《せっしょう》を繰り返し、幕府の将軍は国内的には天皇の臣下であるとともに、対外的には「日本国王」として明に冊封されるという変則的な体制を認めさせた。足利将軍家の「足利」はあくまで名字であって氏姓は源氏であり、したがって幕府から明への国書の署名は「日本国王源〇〇」という形で書かれる。

つまりは長慶によって、この時代における本来の日本国王である足利将軍家が京都を追われていたため、天皇である後奈良が日本国王として明使を迎えた。ところが、明側には現在の日本国王は源氏という認識が定着していたため、後奈良は源氏と間違われてしまったのである（天野忠幸『三好一族』2021）。

真筆を自ら売って稼ぐ

後奈良は日記『後奈良天皇宸記《しんき》』（『天聴集』ともいう）をはじめとして数多くの著書を残した。なかには『後奈良院御撰名曾《ぎょせんなぞ》』というなぞなぞの本もある（渡邉大門『戦国の貧乏天皇』2012）。なぞなぞは語呂合わせを多く含むため、『後奈良院御撰名曾』は中世の音韻《おんいん》を示す資料として国語学では珍重されている。たとえばこの本に出てくる「母には二度会えたれども父には会えず」で、答えは「くちびる」というなぞなぞは、当時の「はは」の発音が〝ｆａｆａ〟に近かったことを示すものである。

また、後奈良には先述の『般若心経』残存分をはじめとして御真筆とされる書が数多く残されている。それというのも朝廷の財政難を少しでも助けるために、後奈良がその真筆を売っていたからだという。

なお、後奈良の崩御後、長慶と義輝はいったん和睦《わぼく》したが、長慶が１５６４年（永禄《えいろく》７）死去、翌１５６５年に義輝が三好一族に討ち取られるなど畿内の情勢は不安を増し、１５６８年（永禄11）の織田信長上洛による三好政権崩壊のときまで内紛が続くことになった。

第6章　権威者として生きる天皇

後水尾《ごみずのお》天皇——108代／1611～1629年

▼幕府に抵抗した歌道者

朝廷と幕府が対立した紫衣事件

後水尾天皇（在位1611～1629）は後陽成《ごようぜい》天皇（107代、在位1568～1611）の皇子で1596年（慶長元年《けいちょうがんねん》）に生まれた。即位の翌年には徳川2代将軍・秀忠《ひでただ》の息女である和子（かずこ／まさこ、東福門院《とうふくもんいん》）が入内《じゅだい》しており、朝廷といまだ草創期の徳川幕府との間に良好な関係を結ぶことを期待された天皇だった。

当時の朝廷は仏寺の僧尼に対し、高徳の出家者であることを示す紫の衣（紫衣《しえ》）を着ることを許す権限を有していた。しかし、大御所《おおごしょ》・秀忠と徳川3代将軍・家光《いえみつ》をいただく幕府は、仏教界を統制するために朝廷にその権限を振るうことを慎《つつし》むよう申し入れ続けていた。

1627年（寛永《かんえい》4）、幕府では後水尾による紫衣勅許の多くを無効とみなし、京都所司代《きょうとしょしだい》（京を管轄《かんかつ》する幕府の機関）にその紫衣を取り上げさせた。これを紫衣事件という。

1629年、幕府の公務を務めてはいるが無位無官の斎藤福という女性が上洛し、昇殿を願った。彼女は従三位《じゅさんみ》の位階と春日局《かすがのつぼね》の号を授かって、後水尾と中宮和子に拝謁《はいえつ》した（2年後に従二位《じゅにい》に昇進）。福は、紫衣事件で険悪となった朝廷と幕府の間を取り持つための非公式の使者であった。

ところで春日局こと福の異例の出世から、家光は、秀忠の子ではなく徳川初代将軍・家康《いえやす》と福の間に生まれた子だったという説が生じたことがある。しかし、その説が成り立たないことについてはすでに論じた（原田実『トンデモ日本史の真相　史跡お宝編』2011）。福は将軍・家光と皇后・和子の共通の乳母で、2人にとって頭の上がらない人物だった。つまり福の登用は、紫衣事件に端を発したいざこざを、朝廷と幕府の対立から家光と和子の兄妹喧嘩《げんか》のレベルに引き下げることで穏便に解決しよう、という苦肉の策によるものだったといえよう。

なお、近年は、家光が秀忠の子であることを認めたうえで、実母は福だったという説も提出されており、家康実父説よりは蓋然《がいぜん》性が高いが、いまはまだ異説の域を出ない（福田千鶴『ミネルヴァ人物評伝選・春日局　今日は火宅を遁れぬるかな』2017）。

退位の真因は「間引き」の慣習？

1629年（寛永6）、後水尾は自分と和子の間の娘であるわずか7歳の興子《おきこ》に譲位してしまった（明正《めいしょう》天皇、109代、在位1629～1643）。称徳《しょうとく》（48代）崩御以来、ほぼ860年ぶりの女帝である。幕府はこの譲位に反対したが、後水尾はそれを押し切っている。彼は自らの譲位

（退位）という形で幕府に抗議したとみるのが妥当だろう。

幕府では後水尾の動向について、茶人の細川三斎《ほそかわさんさい》という人物に調べさせている。三斎はかつて織田信長《おだのぶなが》・豊臣秀吉《とよとみひでよし》・徳川家康の三英傑に仕えた武将であった。細川藤孝《ふじたか》（幽斎《ゆうさい》）の嫡男《ちゃくなん》、というより、現代ではガラシャ夫人（明智玉《あけちたま》）の夫といった方が、通りがよい細川忠興《ただおき》その人である。三斎の報告には恐ろしい内容が記されていた。

戦国時代の気風がまだ残る時代、武家にはお家騒動の火元になりそうな子供を幼少のうちに殺害する「間引き」の慣習があった。皇室や公家にはその悪弊《あくへい》はなかったが、京都所司代は和子の生んだ男児を皇位につけようと、密かに皇室に対して「間引き」をおこなっていた。後水尾はそのことに憤《いきどお》っていたのだという。

三斎の報告が事実だったかは定かではないが、後水尾には幼少期に急死した皇子がいるのは確かである（原田実『教養として学んでおきたい女性天皇』２０２２）。

結局、和子が産んだ男児たちも夭折《ようせつ》し、彼女の子で皇位についたのは明正ひとりだけであった。明正は退位後に出家、幕府からさまざまな行動の制限を受けたが、それでも74歳の天寿を全《まっと》うすることはできた（１６９６年＝元禄《げんろく》9年崩御）。

古今伝授と御所伝授

ところで中世・近世の歌道では古今伝授《こきんでんじゅ》というものが珍重されていた。古今伝授とは『古今和歌集』の難解な語句や歌が詠まれた背景についての口伝《くでん》だが、師資相承《ししそうしょう》の秘事とされるうちに神秘化が生じ、歌には天地開闢《かいびゃく》の秘密が隠されているという説さえ含むものとなっていった。

関ケ原合戦の直前、徳川方の細川幽斎が拠る田辺《たなべ》城（京都府舞鶴市）を石田《いしだ》三成《みつなり》の軍が囲んだとき、幽斎が死ねば古今伝授が途絶えてしまうと、後陽成天皇が勅命で三成に兵を引かせたという逸話は有名である。

その幽斎が古今伝授を授けた門下に八条宮智仁《はちじょうのみやとしひと》親王がいた。智仁は、後陽成が彼への譲位を望んでいたが幕府の横やりで実現できなかったという英明な人物である。そして、この智仁から古今伝授を授かったのが後水尾であった。

後水尾から皇室内で相承された古今伝授を御所《ごしょ》伝授という。御所伝授で相承のために用いられた切紙《きりかみ》（メモ）は保管状況がよく、古今伝授の内容を研究するうえで重要な史料となっている（小高道子「御所伝授の成立について――智仁親王から後水尾天皇への古今伝授――」『近世文藝』第36号・１９８２年5月、杉本まゆ子「御所伝授考――書陵部蔵古今伝授関係資料をめぐって」『書陵部紀要』第58号・２００６年）。

史論では幕府との緊張関係が取り沙汰《ざた》されがちな後水尾だが、御所伝授の相承こそ、彼が後世の日本文化のために残した最大の功績かもしれない。

後《ご》桜《さくら》町《まち》天皇——117代／1762〜1770年

▼教養あふれる最後の女帝

中継ぎを超える存在感と教養

後桜町天皇（在位1762〜1770）は桜町《さくらまち》天皇（115代、在位1735〜1747）の皇女で諱《いみな》を智子《としこ》という。弟の桃園《ももぞの》天皇（116代、在位1747〜1762）が22歳の若さで崩御したため、桃園天皇の皇子でまだ幼い英仁《ひでひと》親王（後桃園《ごももぞの》天皇、118代、在位1770〜1779）が即位できるようになるまでの中継ぎとして即位した。

後桜町の即位は、古代の女性天皇に、元明（43代）や元正（44代）のように皇子が成長するまでの間、皇位を預かっていたと解される前例があればこそであった。しかし、その後桜町の即位によって、古代の女性天皇はあくまで中継ぎにすぎないという解釈が定着したことも否《いな》めない。

後桃園も若くして崩御し、傍流の皇族から急遽《きゅうきょ》、後桃園の養子だったということにして擁立した祐宮《さちのみや》（光格《こうかく》天皇、119代、在位1780〜1817）の後見役も務めることになったため、後桜町は退位後も忙しい日々を過ごした。

光格が自分の実父である閑院宮典仁親王《かんいんのみやすけひと》に太上天皇《だじょう》の称号を贈ろうとして幕府と対立した事件（尊号一件《そんごういっけん》）に際しては、後桜町は光格をたしなめ、幕府との関係調整をおこなった。

後桜町は御製《ぎょせい》の和歌千数百首、日記は41冊を数える教養人で、漢学に明るい公卿を招いてその御進講も受けていた。

1788年（天明《てんめい》8）の京都大火で御所が焼失した際には、後桜町は天台宗の古刹《こさつ》・青蓮院《しょうれんいん》（現京都市東山区粟田口《あわたぐち》三条坊町）に仮御所（粟田《あわた》御所）を置き、そこを学問所としても使用した。粟田御所は現在、国史跡に指定されている。

ちなみにこの青蓮院で、後桜町は『般若心経《はんにゃしんぎょう》』の写経をおこなっていたが、その中には漢訳だけでなく、当時の読誦《どくじゅ》音にしたがい、全文ひらがな書きにしての写経もある。この後桜町天皇宸《しん》筆《ぴつ》仮名般若心経は、名筆として珍重されるだけでなく、江戸時代の仏教界における経典音読の音《おん》韻《いん》資料としても重要なものとされている（木村守一『七曜の蓮華　諸言語心経合時掌中珠略本篇』2021）。

天明の飢饉で民衆に喜ばれた林檎

後桜町に関する逸話で有名なのは林檎《りんご》にまつわる話だろう。

1787年（天明7）6月、天明の飢《き》饉《きん》で生活苦に陥った民衆が近畿地方広域から京都に押し寄せ、御所を包囲した（御所千度参《せんどまい》り）。朝廷では幕府の禁制を犯すことを覚悟して直接、民衆に食料を配ることとし、公家や寺社もこれに従った。

事態を憂慮した幕府も、非常時であることを認めて朝廷をとがめることなく、むしろ京に食料を送って民衆救済を助けた。

6月（現在の暦で7月頃）の炎天下、御所を包囲していた民衆から、もっとも喜ばれたのが仙《せん》洞《とう》御所（上皇の住まい）で手配した荷だった。後桜町は大量の林檎を調達して人々に配ったのである。

当時の林檎は小ぶりで酸味が強く、喉《のど》の渇《かわ》きを癒《いや》すにはむいていた。早朝から配られた3万個もの林檎は、昼前には残らずなくなったという。後桜町の心配りが現れた逸話である（原田実『教養として知っておきたい女性天皇』２０２２）。

後桜町は御所伝授（古今伝授）の継承者であり、自らも光格や他の皇族に伝授している。彼女が遺した切紙は御所伝授に関する貴重な資料となっている。

１８１３年（文化《ぶんか》10）、後桜町崩御。朝廷は彼女に後桜町院の院号を贈った。院号は光格の代に廃止されたので、彼女は院号を受けた最後の上皇となった。

なお、余談だが、光格天皇の御製として右派の一部に広まっているものに次の歌がある。

神さまの国に生まれて神さまの道が嫌なら外国《とつくに》へ行け

しかし、この歌は列聖全集編纂会の『光格天皇御製』など光格の御製に関する確かな資料には見ることができないものである。そもそも後桜町から学問と歌の手ほどきを受け、御所伝授まで受けた光格が、このような排他的で下手な道歌《どうか》まがいを残すとも思われない。

おそらくは詠み人知らずのまま広まった右翼スローガンの類が、尊号一件などで幕府と対立したことから右派の人気が高い光格天皇に付会されたものだろう。

孝明《こうめい》天皇――121代／1846～1866年

▼ポピュラーな幕末陰謀説

通説になりかけた孝明暗殺説

孝明天皇（在位1846～1866）は仁孝《にんこう》天皇（120代、在位1817～1846）の皇子として生まれ、諱を統仁《おさひと》といった。その治世は幕末の動乱期にあたっていたが、過激な攘夷《じょうい》論者だった孝明は幕府による欧米諸国との国交開始を非難する一方で、公武合体策には協力的で倒幕を図る勢力をも敵に回していた。

その孝明について、一時は通説になりかけた異説がある。孝明暗殺説である。英国大使館通訳として日本に滞在していたアーネスト・サトー（のちの英国公使）は1868年（慶応3年・明治元年）に天皇崩御の知らせを聞いたが、それからさらに数年後に孝明は病死ではなくひそかに毒殺されたとの噂を聞いたという。サトーはその噂について事実を伝えるものと信じた。

また、天皇崩御から40年以上も後の1909年（明治42）に伊藤博文《いとうひろぶみ》が暗殺されたとき、実行犯の安重根《あんじゅうこん》は斬奸状《ざんかんじょう》（犯行声明）で、伊藤が犯した罪のひとつとして孝明への弑逆《しぎゃく》を数えた。つまり、明治時代には孝明暗殺の噂は外国人の耳にも入るほど広まっていたわけである。

しかし、天皇絶対主義が支配した戦前には、日本国内でこの噂について大っぴらに語ることが許されることはなく、サトーの著書についても戦前の翻訳では孝明暗殺のくだりはカットされている。

歴史研究において天皇制のタブーが軽減された戦後には、孝明の死因に関する研究があらためておこなわれるようになった。歴史学者・ねずまさしは1954年に『歴史学研究』173号で論文「孝明天皇は病死か毒殺か」を発表、天然痘《てんねんとう》との診断がなされるまでの経緯が不可解であることや、孝明の容体《ようだい》がいったん快方に向かってから急変したとされていることなどから、孝明は毒殺されたものとみなした。

また、1970年代には孝明の御典医《ごてんい》の遺族により崩御直前の診療記録が公開されたが、それに当時の記録の所有者が付したコメントでも毒殺の可能性について言及されていた。

そのため、1980年代には多くの歴史学者が毒殺説に対して賛同するか、検討の必要性を認めていたのである。一時期、孝明の死因に関して毒殺説は、いわば通説になろうとしていた。毒殺の黒幕として有力視されるのは朝廷内の親幕府派と反目《はんもく》していた岩倉具視《いわくらともみ》であり、一説には岩倉が女官として朝廷に仕える自分の姪に毒殺を命じたのだという。

いまは病死説が主流

一方で、孝明は病死でも毒殺でもなく刺殺されたのだという証言がある。

1998年、作曲家の宮崎鉄雄《みやざきてつお》は衝撃的な発表をおこなった。彼の亡父は幕末に大阪城警護を務め、孝明崩御に際しても内偵をしていたが、それにより判明した真相は、天然痘が快方に向かった孝明は、寵愛《ちょうあい》した女官の実家である堀河《ほりかわ》家に滞在中、邸内に潜んでいた伊藤俊輔《しゅんすけ》（のちの博文）に刺殺されたというものだった。

古代史研究家・鹿島昇《かしまのぼる》と山口県の郷土史家・松重正《まつしげまさし》（楊江《ようこう》）は、宮崎のこの証言に基づき、伊藤は長州藩お抱えの忍者として暗殺に従事していたと論じた。

しかし、歴史学界においては、1990年代には、孝明暗殺説は下火に向かっていた。それは1989年10月、名城大学教授（当時）原口清《はらぐちきよし》氏が『明治維新史学会会報』15号に論文「孝明天皇の死因について」（のちに『原口清著作集2』所収）を発表したからである。

原口氏はそれまで毒殺説の根拠とされていた公家の日記や、「陰謀論」で触れられている御典医による診断記録などを調べた。そのうえで希望的観測や単なる印象に基づく記述を廃し、具体的な症状に関する記述だけから、病状の推移を検証した。

その結果、判明したのは、孝明天皇が発症してから崩御されるまでの間、容体が快方に向かった時期はなかったということである。

その後、原口氏は毒殺説に立つ石井孝《いしいたかし》（日本史学者）らと論争をおこなったが、その経緯を通じて病死説の方に分《ぶ》があることが鮮明になり、それまで毒殺説を奉じていた研究者が自説を病死説に改める例も出てきた。その結果、現代では病死説の方が主流になった。

なぜ根強く残っているのか

毒殺の黒幕を岩倉具視とする説についていえば、当時の宮中の女官に岩倉の姪はいない。岩倉は1862年9月（文久《ぶんきゅう》2年8月）から慶応3年11月まで5年以上も京都郊外に蟄居《ちっきょ》しており、宮中工作をできるような立場ではなかった。

また、刺殺説の根拠である宮崎鉄雄の証言についていえば、こちらの真偽《しんぎ》はすでに判定できたといえそうだ。原口氏が考証したように、宮崎が言う「孝明天皇は快方に向かった」という事実がない以上、天皇が堀河家に行ってそこで殺されたという話は成り立ちようがないからである。

孝明天皇が毒殺された可能性は皆無《かいむ》とはいえないまでも、ごく低いものである。刺殺された可能性となれば、これは検討する必要さえないだろう。孝明暗殺説はいまでは異説の一つにすぎないといってよい。

しかし、最近でも孝明暗殺説の信奉者は絶えることはない。それは孝明暗殺が、現代日本で影響力を持つ陰謀論の一つ「田布施《たぶせ》システム」の一環に組み込まれているからである（ＡＳＩＯＳ『増補版　陰謀論はどこまで真実か』２０２１）。

コラム　時間の管理者としての天皇

時間を人為的に数値化した「暦」

私たちは常日頃から、時間は数値化できるものとして考えがちである。しかし、時間の数値化はきわめて人為《じんい》的なものだ。西欧文明や中華文明など多くの文明は、時間を数値化するために年・月・日にあたる単位を採用しているが、その目安になっているのは天体の運行だ。

年は、大地が不動であることを前提として、日の入り・日の出のそれぞれの位置が移動する一周期を基準とする単位である。月は、天体としての月の満ち欠けの一周期を目安とする単位である。そして、日は日の出から次の日の出、もしくは日の入りから次の日の入りまでの周期に基づく単位である。

厄介《やっかい》なのは、年・月・日の長さはきれいな整数比にならないことである。そこで、暦《こよみ》にこの3つを収めるには実際の天体の運行からずらす必要がでてくる。

1年はだいたい365日に相当する。また、1年での月の満ち欠けは12回を数えることができる。そこで西欧では、実際の月の満ち欠けから離れた形で365日を12に配分することで暦の形を整えた。

中華文明では、月齢にほぼ合わせて月を設定し、ときおり調節のために余分な1ヵ月を1年に挿入する閏《うるう》月の制度を導入することで、暦が破綻《はたん》するのを防いだ。そのため、前近代の東アジア諸国の暦は、たびたび修正しなければ使えない複雑なものになってしまった（さらにいえば干支《えと》のような「年」より上位の周期性を持つ時間区分もあるが、その説明は割愛《かつあい》）。

日本の元号は「天皇による歴史の区分」

また、長大な歴史を書くにあたっては、天体の運行と別に長大な時間を区分するための別の単位が必要になる。そこで歴史記述に用いられるようになったのが、歴代の君主の在位期間に基づく区分である。この方法は古代エジプトや古代メソポタミアの王名表に始まって多くの文明で採用された。

さらに中華文明では、君主の在位期間だけでなく、君主の意志によって変更可能な区分としての元号も現れる。最初の元号は前漢の武帝《ぶてい》（在位・前141〜87）が定めた「建元」

（前140〜前135）とされる。その後、中華の歴代皇帝は元号を定めることで、自らの意志を歴史に刻み続けた。

日本で連続した元号が定められるようになったのは大宝《たいほう》元年（701）からである。『日本書紀』はそれより前に大化《たいか》（645〜650）、白雉《はくち》（650〜654）、朱鳥《しゅちょう》（686）という元号が定められたことがあるとするが、それが本当に定められたことがあるのか、また、定めたとしても実際に運用されたのかは疑わしい。

それはともかく、日本で元号を建てたということは、日本の天皇がその意志によって歴史を区分するという宣言であった。

日本でつくられた暦

さて、元号を定めるには、まず整備された暦がなければならない。古代日本では、6世紀頃にはすでに中国でつくられた暦を使っていたものと思われる。

律令制が確立すると、暦博士《れきはかせ》は中務省《なかつかさ》陰陽《おんみょう》寮に属する官職の一つとなった。陰陽寮は占《うらな》いをつかさどる役所だから、当時の国家にとって暦の作成は占いの一環でもあったことになる。

古代から江戸時代半ばまでの日本では、暦は中国から輸入したものを用いていたが、同じ暦を長年用いていると誤差の蓄積で役立たなくなるうえ、中国の暦を日本で用いていると経度の違いから同じ日付でも見える天体の位置に狂いが生じるため、暦博士による暦の管理は必要不可欠だった。

ちなみに日本で最初につくられた暦は、江戸時代、貞享《じょうきょう》2年元旦（1685年2月4日）から宝暦《ほうれき》4年の大晦日《おおみそか》（1755年2月10日）まで使われた貞享暦《じょうきょうれき》である。

貞享暦は天文学者・神道家の渋川春海《しぶかわはるみ》（1639〜1715）が幕府の命で作成したものである。この時期、朝廷では、唐代につくられた宣明暦《せんみょう》を貞観4年（862）以来、820年以上も使い続けていたが、誤差の蓄積からそれ以上の使用はできなくなっており、改暦の必要に迫られていた。

当初、朝廷では明代に中国でつくられた大統暦《だいとう》を輸入する予定で、大統暦改暦の詔《しょう》まで出したが、幕府から提出された貞享暦を承認することになった。

その後、宝暦5年（1755）の改暦で朝廷の陰陽寮が作成した暦が採用された。しかし、あまりに不正確だったため、寛政《かんせい》10年（1798）と天保《てんぽう》15年（1844）の改暦では、幕府天文方《てんもんかた》で作成した暦が採用されている。

貞享暦・寛政暦・天保暦のように江戸時代に幕府でつくられた暦であっても、それを承認したのはあくまで朝廷であり、皇室の権威によって裏付けられる形で流布《るふ》されたことは見逃すべきではない。

改元と辛酉革命論

明治22年（1889）に制定された旧皇室典範で皇位の継承、すなわち天皇の代替わりに際してのみ改元がおこなわれるものと定められ、それは戦後の元号法（1979成立）にも引き継がれた。

また、皇室典範では旧新ともに皇位継承は天皇が崩じた際の規定しかない。したがって近代天皇制においては天皇一代につき元号は一つしかありえないということになる。

しかし、かつての日本では瑞祥《ずいしょう》（おめでたいしるしとされた事柄）が国家に奏上された場合や、大震災・大火災・飢饉・疫病《えきびょう》・内戦など大規模な災厄《さいやく》が起きた場合、暦による占いでなにか異変が起きるとされていた年などにも改元がおこなわれた。

暦による占いを根拠とした改元で、しばしばその根拠となったのは辛酉革命論《しんゆうかくめいろん》である。これは干支が辛酉にあたる年には革命が起きるという中国の占い（讖緯説《しんいせつ》）を輸入したものである。革命（天命が革《あらた》まる）とは天下が覆《くつがえ》ることだから、それを防ぐには改元をもって革命に代えるべきだ、というわけである。

平安時代の漢学者で菅原道真（845〜903）のライバルだった三善清行《みよしきよゆき》（847〜919）は昌泰《しょうたい》4年（901）2月に『革命勘文《かくめいかんもん》』を奏上し、この年は辛酉にあたるから改元をおこなうべきだと説いた。この勘文に基づき、7月には延喜《えんぎ》への改元がおこなわれている。

以来、辛酉革命論を根拠とした改元は、応和《おうわ》（９６１）、治安《じあん》（１０２１）、永保《えいほう》（１０８１）、建仁《けんにん》（１２０１）、弘長《こうちょう》（１２６１）、元亨《げんこう》（１３２１）、南朝・弘和《こうわ》（１３８１）、北朝・永徳《えいとく》（１３８１）、嘉吉《かきつ》（１４４１）、文亀《ぶんき》（１５０１）、天和《てんな》（１６８１）、寛保《かんぽう》（１７４１）、享和《きょうわ》（１８０１）、文久《ぶんきゅう》（１８６１）と繰り返されていた。

ちなみに『日本書紀』では、神武天皇即位が辛酉元旦にあてられている。西暦に換算すると、その年は紀元前６６０年に相当する。

清行の『革命勘文』では、その年は中国で斉《せい》の桓公《かんこう》（在位前６８５～前６４３）が覇者《はしゃ》になった年であったという。そして、神武天皇即位の辛酉と天智天皇（38代、在位６６８～６７２）が皇太子のまま国政を始めた６６１年の辛酉は、それぞれ干支が21回巡る間の１３２０年ごとに訪れる大変革の年だったとする（干支21回は１２６０年分だから清行の計算はおかしいのだが、当時は問題にされなかったらしい）。

暦を管理する機能は朝廷・天皇だけが有した

さて、災厄によるにしろ辛酉革命に代えるにしろ、延喜以降の改元には、国家的な危機に際して、いったん時間をリセットするという意味があったものと思われる。

天慶《てんぎょう》2年末（９４０年1月頃）、下総《しもうさ》国出身の豪族・平将門（?～９４０）は常陸《ひたち》国府との争いから大規模な乱を起こし、関東一円を手中にした。

将門は京に対抗するもう一つの都を坂東《ばんどう》につくるべく即位をおこない、岩井《いわい》（茨城県坂東市）に政庁《せいちょう》を置いた。

軍記物語の『将門記《しょうもんき》』はその有様を次のように記している。

「左右ノ大臣・納言・参議・文武百官・六弁八士、皆モテ点定シ、内印・外印、鋳ルベキ寸法、古文・正字ヲ定メ了ンヌ。タダシ狐疑スラクハ、暦日博士ノミ」

つまり、大臣や大勢の官僚の任命、国政をおこなうための印鑑や文書様式の統一など朝廷としての形式に必要なものはすべてそろえようとしたが、ただ、暦日博士（律令では暦博士）だけは人材を得られなかったという。

結局、「新皇」将門の坂東王国は3ヵ月ほどで崩壊するのだが、注目すべきは、なぜ、『将門記』が暦博士の不在を特筆したかである。そこには、将門の王権が不完全であり、その滅亡は必然であったことを示す作者の意図があったと思われる。

さらにいえば、この記述は、『将門記』が書かれた中世日本において、暦を管理する権能は朝廷に必須のものだと考えられていたことをも示しているといえるだろう。

武家政権においても、改元・改暦は朝廷の権威の下でおこなわれていた。むしろ、武家政権としては、形式上とはいえ、改元・改暦の決定権を朝廷に委ねることで統治を安定ならしめた面もある。

慶応《けいおう》4年9月8日(1868年10月23日)、明治への改元がおこなわれるとともに一世一元《いっせいいちげん》の詔《しょう》が出され、朝廷は皇位継承以外で改元する権能を奪われた。また、明治3年(1870)の陰陽寮廃止により、朝廷は暦を管理する権能をも失った。

しかし、一世一元制での天皇は、より元号と結びついた存在ともなった。天皇の崩御後に与えられる諡号として元号がそのまま採用されるようになったのは、天皇と元号の一体化を示しているといってもよいだろう。

すなわち近代天皇制の成立は、天皇を時間の支配者の座から解き放つ一方で、天皇が有していた、肉体化された時間という属性を強化したのである。

第7章　変貌する天皇

明治天皇《めいじ》――122代／1867～1912年

▼異説・陰謀だらけの明治維新

「三浦天皇」による明治天皇すり替え説

明治天皇（在位1867～1912）は孝明天皇の皇子で幼名は祐宮《さちのみや》という。幼少時は祖父の権大納言《ごんだいなごん》・中山忠能《なかやまただやす》の下で育てられ、親王宣下《せんげ》の後は睦仁《むつひと》と称した。1864年（元治《げんじ》元年）に京で長州《ちょうしゅう》兵と薩摩《さつま》・会津《あいづ》兵が交戦した禁門《きんもん》の変では、宮城近くでの騒乱に睦仁親王は気を失ったという。

即位後は王政復古《おうせいふっこ》の大号令を発し、形式上は天皇親政の中央集権国家の樹立に向かったことは周知のとおりである。しかし、一方で明治政府が薩摩・長州などの藩閥《はんばつ》政治の舞台であり、天皇もまた政争の具の一つとなっていた実態もあった。そこから明治天皇は睦仁親王ではなく、藩閥政治の駒として動かせる別の人物がすりかわったという疑惑も生じてきた。

明治天皇すり替え説を早くから唱えていたのは、自ら南朝正統の末裔《まつえい》を名乗っていた「三浦《みうら》天皇」こと三浦芳聖《ほうせい》だ。三浦によると、孝明天皇までの皇室の血統は北朝系だったが、明治天皇への代替わりに際して皇位はひそかに南朝系に奉還された。明治天皇は表向きの皇統譜では北朝系になるはずだが、明治44年（1911）の南北朝正閏《せいじゅん》問題（国定教科書での南北朝並立の記述が議会で問題とされ、政府が南朝北朝のどちらを正統とするかが問われた件）では天皇自身による南朝正統の裁断で政治的解決がなされた。それというのも彼自身が南朝系だったからだ、というのである（三浦芳聖『徹底的に日本歴史の誤謬を糺す』1970）。

替え玉・大室寅之祐とフルベッキ写真

一方、山口県柳井市在住だった大室近佑《おおむろちかすけ》は自らの家系について、南朝の直系だと称し、近傍の人々から「大室天皇」と呼ばれていた。近佑の証言によると、近佑の祖父の兄にあたる大室寅之祐《とらのすけ》は16歳のときに長州藩主・毛利敬親《もうりたかちか》の命で萩《はぎ》に召し出され、さらに江戸に向かった。それは睦仁親王に代わって皇位に就くためだったという。

孝明暗殺説の提唱者だった鹿島曻《かしまのぼる》と松重楊江《まつしげようこう》は、大室近佑の証言に基づいて明治天皇すり替え説を展開した。鹿島、松重氏によると、大室寅之祐を天皇に擁立《ようりつ》したのは岩倉具視《いわくらともみ》、伊藤博文《いとうひろぶみ》ら、孝明を暗殺したのと同じグループだったという。

その証拠として提出されたのが、フルベッキ写真なるものだ。これは長崎在住だったオランダ人宣教師のグイド・フルベッキが大勢の武士たちに囲まれた写真だが、松重らによると、その武士たちの中に大室寅之祐だけでなく、坂本龍馬《さかもとりょうま》・西郷隆盛《さいごうたかもり》・大久保利通《おおくぼとしみち》・勝海舟《かつかいしゅう》・桂小五郎《かつらこごろう》・高《たか》杉晋作《すぎしんさく》・大村益次郎《おおむらますじろう》・中岡慎太郎《なかおかしんたろう》・大隈重信《おおくましげのぶ》・陸奥宗光《むつむねみつ》ら、薩長土肥《さっちょうどひ》の志士や幕臣がそろって写っているというのだ。

松重らはこれを、薩長同盟から大政奉還《たいせいほうかん》にいたるまでのシナリオをつくった秘密会議の記念写真とみなした。そして、その中に大室寅之祐が写っている以上は、その秘密会議の議題に天皇すり替えがあったことも間違いないというわけである。

日本の政財界を支配する「田布施システム」?

さらに2006年、大分県在住の郷土史家だった鬼塚英昭は松重らと会見し、明治天皇すり替えは史実だとの確信を得た。

鬼塚は現山口県田布施《たぶせ》町周辺発祥の長州閥《ばつ》が、明治天皇すり替えの実行者であり、その組織を受け継いだ「田布施システム」が現在も日本の政財界を支配しているのだという(なお、鬼塚は「田布施システム」が自分の造語であることは認めていた)。

2008年、鬼塚説を下敷きにした映画『天皇伝説』(渡邉文樹《わたなべよみき》監督)がミニシアターで公開され、2015年にはアーチストの三宅洋平《みやけようへい》氏が田布施システムへの関心をブログなどで発信し始めた。

三宅氏は2016年の参議院選挙に東京都選挙区から無所属で出馬した際、選挙フェスと称する演説会で田布施システムに言及、落選しながらも田布施システム論(およびその前提としての明治天皇すり替え説）を大いに宣伝する形になった。

長州閥の直系ともいうべき安倍晋三《あべしんぞう》による安倍政権が、２０１２年12月から２０２０年９月まで戦後最長の記録をつくったこともあり、「田布施システム」の実在を信じる人は少なからずいるようである。


もっとも実のところ、明治天皇すり替え説は成り立ちようがない。明治天皇の周辺には中山忠能をはじめ睦仁親王の頃から仕えていた者が多く、いずれも天皇すり替えのような陰謀には賛同しそうもない人物ばかりである。

また、フルベッキ写真についていえば、これはじつは明治初年頃、英語教師だったフルベッキが教え子たちと撮った記念写真であり、維新の志士と何の関係もなければ、のちの明治天皇が写っていようはずもない。

私は古代史研究家の加茂喜三《かもきぞう》氏とともに柳井市に赴き、生前の大室近佑から話を聞いたことがある。そのとき、私たちは明治天皇との関係に関する質問などを準備していたのだが、近佑はこちらの質問など受け付けようとせず、ただ、彼の自宅の場所が宇宙の中心で、あらゆる世界の宗教の発祥地であることを熱っぽく語り続けた。

当時の近佑には、自分の祖父の兄が明治天皇だったかどうかなど些細《ささい》なことにすぎなかったようだ。明治天皇が大室寅之祐だという根拠はその近佑の証言しかないわけで、これでは最初から信頼できる筋の話ではない。

土台からしてそのようなものであってみれば、「田布施システム」などはまさに砂上の楼閣《ろうかく》だったわけである（くわしくはASIOS『増補版　陰謀論はどこまで真実か』参照）。

学者も引きずり込まれる妄想維新論

なお、田布施システム論とは別に、明治天皇は睦仁親王とは別人だったという異説がある。この説を唱えたのは都立大学名誉教授の社会学者・河村望《かわむらのぞむ》である。

河村によると明治天皇の実父は、幕末期の日本で唯一《ゆいいつ》、英語による実務をおこなえた人物・ジョン万次郎だった。

万次郎は、通詞《つうじ》・森山栄之助《もりやまえいのすけ》や浦賀奉行与力・香山栄左衛門《かやまえいざえもん》などの名で外国使節と直接折衝《せっしょう》する一方で、徳川慶喜《よしのぶ》の名で幕府を代表し、井伊直弼《いいなおすけ》や岩瀬忠震《いわせただなり》の名で開国への実務をおこなった。さらには吉田松陰《よしだしょういん》の偽名でペリーの船に乗り込み、再度渡米することまで試みた（ただし、この試みは失敗する）。

また、万次郎は薩摩にあっては西郷隆盛を名乗り、幕府に代わる新しい政治体制をつくるための準備を進めた。そして彼は、自らの実子を明治天皇として皇位につけたのである。

だが、明治以降の日本の学問は、この真実を抹殺《まっさつ》する方向に動いた。その中で最も積極的だったのは、万次郎の実弟である福沢諭吉《ふくざわゆきち》だった。諭吉は森山栄之助や井伊直弼の見識を非難することで、暗に実兄を貶《おとし》め、さらに万次郎の業績の一部を杉田《すぎた》玄白《げんぱく》なる架空の人物に仮託し、『蘭学《らんがく》事始《ことはじめ》』なる書物を偽作するにいたったのだという。

河村は、これらの「歴史的事実」は、記紀や王朝物語、歌舞伎、浄瑠璃、謡曲、落語、講談、民謡などに暗号のように織り込まれていると説いた。

ちなみに晩年の河村の説では、記紀なども古代の書ではなく幕末・明治期につくられたとされる（河村望『近代日本の社会と文化』２００７、『プラグマティズムで読み解く明治維新』２００９）。

河村は社会学者として大きな足跡を残した人物だが、その晩年の歴史研究については門下たちに受け継がれなかったようだ。ただ、佛教大学社会学部教授の近藤敏夫《こんどうとしお》氏は、晩年の河村について、歴史学の定義とは異なる社会学もしくは社会心理学における「歴史的事実」を述べていたのだとする（近藤敏夫「河村社会学における歴史的事実」概要、『学問と教育を駆け抜けて――河村望先生追悼論集』２０１６）。

私には、河村の晩年の明治維新論は、田布施システムと同程度に荒唐無稽《こうとうむけい》に思えるが、こうした妄想《もうそう》を呼び込んでしまうのも幕末・明治期の面白さというものだろう。

大正天皇《たいしょうてんのう》——123代／1912〜1926年

▼政府方針に逆らったがゆえの暗愚伝説

側室を廃し、皇室を一夫一妻制に

大正天皇（在位1912〜1926）は明治天皇の皇子として生まれた。名は嘉仁《よしひと》、のちに明宮《はるのみや》と号される。幼少時から病弱で会話や歩行にも難があり、1921年（大正10）には皇太子裕仁《ひろひと》親王（のちの昭和天皇）を摂政《せっしょう》として国事から退き、療養のうちに崩御を迎えた。

しかし大正天皇は、皇太子時代から即位当初においては、精力的に全国各地に行啓《ぎょうけい》し、訪問先の産業や学芸を奨励していた。

大正天皇は皇太子時代の1907年（明治40）、大韓帝国《だいかんていこく》（李氏《りし》朝鮮末期の国号、日韓併合まで続いた。1897〜1910）を訪れ、純宗《スンジョン》皇帝や当時の皇太子だった李垠《イウン》と会見している。それをきっかけとして、大正天皇は朝鮮語を学習してもいた。

これは日本の皇太子としては初の海外行啓であった。さらに彼は西欧への外遊を希望したが、これは明治天皇の反対によって中止された。

明治天皇が、天皇の神格化を進めようとする政府の方針に協力的だったのに対して、大正天皇は、行幸に際しても過剰な歓迎は嫌い、国民の前に出ていって親しく接することを好んだ。

また、大正天皇は漢詩を得意としておられた。その数は1367首にも上る。漢詩ほどは得意ではなかったという和歌も、約2600首を数えている。

さらに大正天皇の改革で特筆すべきことに、宮中での側室を廃し、皇室を一夫一婦制としたことがある。続く昭和天皇は女官を既婚女性に限ることで、宮中に女官という名目で側室が入ることがないよう定めたが、それは大正天皇がわが身をもって実践《じっせん》した宮中制度改革の延長線上にあった。大正天皇は4人の子供に恵まれ、家族の団欒《だんらん》を好まれる方だったため、その家族の輪を壊しかねない側室制度を嫌っていたのである。

「遠眼鏡事件」の噂の出どころ

具体的な事蹟を見ていくと、大正天皇は病弱ではあっても決して暗愚《あんぐ》などではなかったことがわかる。しかし、大正天皇について最もよく知られていた伝説は、いわゆる「遠眼鏡《とおめがね》事件」に関するものであった。

それは大正天皇が詔書を読み上げるとき、詔書をくるくると巻いて筒状にしたうえで、望遠鏡を手にしたように覗《のぞ》き込んだというものである。つまりは大の大人（即位時満32歳）が小さい子供のような所作をしたということだ。

しかし「遠眼鏡事件」の噂は広まっているわりに、それをいつ頃、誰が言い出したものかは判然としない（だからこその伝説なのだが）。

これについては原武史《はらたけし》氏の著書『大正天皇』（2000、文庫版2015）で興味深い考証がなされている。

原氏は「遠眼鏡事件」の噂について、戦後、活字になったものから3つの事例を挙げる。

▼『文藝春秋』1959年2月号に掲載された無記名の記事「悲劇の帝王・大正天皇」に侍《じ》従《じゅう》・黒田長敬（1885〜1963）の談話として引用された証言。

大正9年（1920）頃、議会の開院式で天皇が詔書を朗読した後、自分で巻いたが、うまく巻けたか心配になり光に透かして見た。それを遠めに見た議員が望遠鏡を覗く仕草のように見誤った。

▼宮中に女官として勤めていた山川三千子《やまかわみちこ》（1892〜1965）の著書『女官』（1960）に記された山川の回想。

大正天皇が初めて議会に出席したとき（1912年12月）、勅語の紙をくるくると巻いて会場を眺《なが》めたことは有名な話になっていて、姑《しゅうとめ》とともに叔父健次郎《けんじろう》（山川《やまかわ》健次郎、物理学者、1854〜1931）の家に行ったときにも姑と健次郎がその話題で語り合っていた。そのことは昭憲皇太后《しょうけんこうたいごう》（明治天皇の皇后、大正天皇の母。１８４９〜１９１４）の耳にまで入っていい、皇太后の心配は絶えなかった。

▼丸山眞男《まるやままさお》（政治学者、１９１４〜１９９６）のエッセイ「昭和天皇をめぐるきれぎれの回想」（１９８９）での言及。

裕仁（のちの昭和天皇）摂政就任（１９２１年11月）の前から、大正天皇が脳をわずらっていることは民間にも漠然《ばくぜん》と伝わっていた。天皇が詔書を読むときに丸めて覗きメガネにしてみたという「真偽《しんぎ》定かでないエピソード」は当時、小学生の間でも話題になっていた。

丸山いわく「およそ神聖不可侵とされている対象が、まさにそのことゆえに卑俗《ひぞく》なトピックの形をとってヒソヒソ話として伝えられる、ということは、ある意味では人間の本性に深く根差しており、必ずしも天皇制の場合だけではない」

原氏は、この３つの事例について、黒田証言の１９２０年頃には大正天皇がすでに体調を崩して皇太子に議会開院式を任せていたので、この時期に「遠眼鏡事件」が起きたとは考えにくい、山川証言の即位直後は大正天皇の言動について不安視されたような資料はない、ということからどちらも疑わしいとする。

そして、丸山の示唆《しさ》に基づき「遠眼鏡事件」とは「天皇の精神状態を印象づけるために多分に脚色された風説」だったと推測している。

また、原氏は「遠眼鏡事件」に相当するような事件（黒田証言のようにほかの所作が誤解された可能性も含め）、それだけでは天皇の精神状態に異常があったという証明にはならない、と指摘している。

つくられた暗君イメージ

言語障害や歩行障害がある人は、それだけで偏見を持って見られやすいものである。さらに、大正天皇の性格は当時の為政者にとって好ましいものではなかった。

大正天皇の宮中制度改革は、側室制度を必要とみなす宮中関係者を敵に回すものでもあった。政界で天皇を神格化し、その権威を利用しようとする者たちにとっても、行幸でその人間性を国民に示そうとする大正天皇の性格は好ましくないものだった。

大正天皇愚帝説がその在位中に広まり、いまに至るも定着しているのは、このような敵たちによる噂の発信によるところが大きいのではないか（彼らにとって自分たちが信じる「道理」にしたがわない大正天皇は実際に愚帝に見えてもいただろう）。

さらに戦後は、遠眼鏡事件を引き合いに出すことで、そのような暗君も在位しうるという天皇制批判の材料にも使われることになる。

しかし、国民の声に耳を傾け、家族を大切にすることで国民に範《はん》を示す天皇は、現代ならむしろ賢君とみなされるのではないか。

私は、大正天皇は周囲が押し付けようとした制度としての「天皇」に対し、自らの人間性をもって抵抗したがゆえに不当な評価を受けた人物だったと考えるものである。

昭和《しょうわ》天皇——124代／1926～1989年

▼元首と象徴の間に生まれる異説

宮中某重大事件、御落胤騒動、女性問題

昭和天皇（在位1926～1989）は名を裕仁という。大東亜戦争（十五年戦争）および太平洋戦争という日本史上最大ともいうべき事件の前後にまたがり、大日本帝国憲法における元首と日本国憲法における国民統合の象徴という異なる役割を果たされた方だった。

その結婚においては「宮中某重大事件」という騒動があったことが知られている。それは1920年（大正9）頃、東宮妃候補の久迩宮良子《くにのみやながこ》の親族に色覚異常（いわゆる「色弱」「色盲」）の遺伝的傾向があることが判明したことによる。

当時の枢密《すうみつ》院議長・山県有朋《やまがたありとも》は久迩宮家に良子の婚約辞退をうながしたが、東宮御学問所御用

掛で皇太子と良子を教育した杉浦重剛《すぎうらしげたけ》がそれに反対し、やがては山県・杉浦双方の政敵たちが便乗して、事を政争へと発展させていった。1921年2月、政府は良子の東宮妃内定に変更がないことを発表、これによる山県の政界での権勢にも陰《かげ》りが生じることになった。

現在では色覚異常は、日常生活に支障をもたらすものではなく、個性の一部程度のものにすぎないことが知られている。しかし、近代西欧医学とともに色覚異常と「遺伝病」の概念がもたらされたばかりの当時の日本にあっては、社会にもそれらを過剰に問題視する風潮もあったのである（溝口元「『色覚異常』問題の社会史」『人間の福祉』第7号、2000）。

さらにいえば、天皇制が皇室の血縁による皇位継承に支えられた制度だからこそ、その血統に「遺伝病」が入ることへの過敏な反応を招いたとみなすこともできる。

血統といえば、昭和天皇の晩年には自称御落胤《ごらくいん》騒動もあった。1988年10月、福島県で建設会社を経営する某氏のところに、このような話が持ちかけられた。

「20億円を融資します。これは御上《おかみ》の金で、国のためになる会社や、正直な人に御上の権限で融資され、無利子です。三菱銀行か東京銀行に振り込まれ、そのまま預金すれば利息は1割、この利息2億円を先取りできる。税金や団体への寄付を除き、1億4～5000億円があなたのものになるんです」

その金を管理しているのは、昭和天皇の御落胤で「白仁王」と称される人物だったという。

この話はとある農業研究所所長がもたらしたものだったが、その所長はその年の11月に宮家の御出身という別の人物を連れて現れた。某氏はその自称宮様の物腰の上品さに納得して、仮契約手数料と交通費の合計105万円を手渡した。

自称宮様の案内で京都に招かれた某氏は、ホテルの一室で白仁王殿下に謁見《えっけん》、そのゆったりした口調に高貴さを感じ取った某氏は、いわれるままに本契約の契約書に捺印《なついん》、印紙代として140万円を支払ってしまった。

白仁王殿下や自称宮様との仲介をした研究所所長への投資も含め、某氏がこのグループに出した金額は合計805万円になったという。

だが、1989年1月頭に融資されるはずだった大金は、約束の期日になっても某氏の口座に入らない。問い合わせても昭和天皇崩御やアメリカ大統領交代（同年1月20日にレーガンに代わってブッシュが就任）などを理由に、返事を先延ばしにするばかりだった。某氏は自分が詐欺《さぎ》にあったことに気付いたという。

かくして「白仁王」とその秘書だった自称宮様は詐欺容疑で逮捕され、さらに余罪も追及されるにいたった（原田実『トンデモニセ天皇の世界』2013）。

昭和天皇の女性問題に関する噂は、すでに摂政時代からあった。大正12年（1923）12月27日、貴族院に向かう途中の摂政皇太子の裕仁殿下（のちの昭和天皇）が乗った自動車が、現東京都港区虎ノ門の路上で狙撃されたことがある。

銃弾は窓ガラスを割っただけで摂政皇太子は難を逃れ、実行犯の難波《なんば》大助《だいすけ》（1899〜1924）は群衆に取り押さえられて警官に引き渡された。いわゆる虎ノ門事件である。

難波は、もともとは熱心な皇室崇拝《すうはい》主義者だったが、1919年に郷里の山口県を離れて上京するや、今度は熱烈《ねつれつ》な共産主義者となり天皇制打倒を唱えてテロに身を投じた人物だった。

事件当時、難波の転向の原因としてある噂があった。それは摂政皇太子が山口県を行啓中、ある女性が気に入り、無理やり自分のものにしたが、その人が難波の婚約者だったというのである。

井上章一《いのうえしょういち》氏が調べたところでは、この噂については永井荷風《ながいかふう》の日記や大岡昇平《おおおかしょうへい》の回想録、大塚《おおつか》有章《ゆうしょう》の随筆《ずいひつ》など有名作家の文章にも残されており、東京、大阪、広島、金沢、博多と複数の都市にまたがって伝播《でんぱ》していたという。

井上氏は報道されるはずもないこの種の風説がすみやかに広範囲に広がっていることから、当局が虎ノ門事件がイデオロギー闘争に発展するのを防ぐため、私怨《しえん》による錯乱《さくらん》状態での犯行として矮小化《わいしょうか》しようと、意図的に噂をばらまいた可能性を指摘している（井上章一『狂気と王権』1995）。

一説に、摂政時代の昭和天皇が難波の婚約者を自分のものにしたというのは事実だが、田布施《たぶせ》システムによってもみ消されたのだという。しかし田布施システムが虚妄《きょもう》である以上、この話を深堀りしても意味はなさそうである（原田実『天皇即位と超古代史』2019）。

昭和天皇の世界征服という陰謀論「田中上奏文」

ところで１９３０〜40年代の中国やアメリカでは、昭和天皇が世界征服をたくらんでいるという陰謀論がまことしやかに語られていた。その根拠となったのが「田中上奏文」である。

「田中上奏文」は１９２７年（昭和２）に政府高官・軍部・外交官らがおこなった極秘会議の内容を、当時の首相・田中義一《たなかぎいち》（１８６４〜１９２９）がとりまとめて昭和天皇に建白《けんぱく》したという文書である。

中国では「田中奏摺《タナカソウジョ》」「田中奏折《ソウジョ》」、英語では"Tanaka memorial"もしくは"Tanaka memorandum"と呼ばれる（英語での呼称を翻訳した「田中メモリアル」「田中覚書」という別名もある）。

その内容を端的に示すのは、次の一節である。


「支那を征服せんと欲すれば、まづ満蒙《まんもう》を征せざるべからず。世界を征服せんと欲すれば、必ずまづ支那を征服せざるべからず」

「田中上奏文」で具体的に語られるのは朝鮮半島・満洲・モンゴルを足掛かりとした中国侵略計画だが、この一節があることでその内容は、日本の世界征服への第一歩として位置づけられたわけである。

この文書が知られるようになったのは、1929年（昭和4）12月、南京《ナンキン》（国民政府首都）の月刊誌『時事月報』に「田中義一上日皇之奏章」として中国語訳が掲載されたことによる。1932年には、アメリカの作家ヴィクター・ラインが『*Machiavelli of Nippon : Japan's plan of world conquest, willed by Emperor Meiji, developed by Premier Tanaka; "Tanaka memorial" proven genuine*』（『日本のマキャベリ――明治天皇の意志の下、田中首相が立案した世界征服計画の証拠「田中上奏文」』）を著《あらわ》した。

これにより、アメリカでも「田中上奏文」が本物の機密文書だという認識が広まっていく。さらに日米開戦の翌年である1942年、アメリカで解説付きの「田中上奏文」全訳本が刊行された。

すでに1930年代に3回もアカデミー監督賞をとっていた巨匠フランク・キャプラは1942〜45年にかけて、アメリカの立場から日米開戦を正当化するためのプロパガンダ映画『我々はなぜ戦うのか』（Why We Fight）シリーズ（全7本）を監督した。そのうちの6本目で1944年に公開された"The Battle of China"は上映時間約62分だったが、その上映開始7分40秒ほどで「田中上奏文」英訳版が「世界征服の青写真」「田中首相自身の著書」として登場した。

終戦間近の1945年4月には、ジェームズ・キャグニー（1899〜1986）主演の娯楽映画『東京スパイ大作戦』（"Blood on the Sun"）がアメリカで公開されている。これは、戦前の東京を舞台に「田中上奏文」原文をめぐる日米のスパイ合戦を描くものであった。

「田中上奏文」は、中華民国の反日運動家が昭和初期の首相に仮託して書いたプロパガンダであり、内容的にはフィクションだったわけだが、いったん世に出た「田中上奏文」は、中国広域、特に東北部（のちの満洲国の領域）に流布し、反日運動の火に油を注ぐことになった（原田実『偽書が揺るがした日本史』２０２０、ＡＳＩＯＳ『増補版　陰謀論はどこまで真実か』２０２１）。

だが、この陰謀論を中国やアメリカ側の誤解だと片付けてもいられない。昭和初期には日本国内にも、昭和天皇による世界征服を本気で望む勢力があったのである。

１９２１年９月、皇太子時代の昭和天皇は半年間の欧州外遊から帰国した。東京市では皇太子帰国を桃太郎の鬼ヶ島からの凱旋《がいせん》にたとえ、市電に桃太郎の意匠の花《はな》電車を仕立てた。しかし、市民から桃太郎の話は外征的、侵略主義的でよくないとのクレームがあり、意匠変更にいたったという。

哲学者の木村鷹太郎《きむらたかたろう》は、そのクレーム主や従った東京市の官吏《かんり》は無見識であるとして、桃太郎の話は日本人の祖先の新天地探検（具体的にはニュージーランド遠征）であって侵略ではないと主張した。

「彼等の如きことを言うて居ると、コロンブスもマゼランもクツクも、皆尽《ことごと》く侵略的で人類の敵と言はねばならぬことになる」（木村鷹太郎『日本民族研究叢書12　日本が世界に与へたる世界平和の理想――他に三篇――』１９２１年10月）。

現在の歴史学では、コロンブス、マゼラン、クックら大航海時代の探検家も西欧の帝国主義・植民地獲得競争の先駆としてその侵略性が議論されているが、木村の時代にはその侵略を文明の拡大として肯定的に解釈するのが通例だったわけである。

それはともかくとして、木村は日本神話をギリシア・ローマ神話、聖書、仏典、北欧神話などとの比較研究から、太古《たいこ》の日本天皇は古代文明の主導者であり、全世界の統治者だったとの論を展開した人物だった。桃太郎の話を探検譚《たん》として解釈するのに、ニュージーランドという具体的な地域名がでてきたのもその研究を踏まえたものである。

天津教事件と元東宮女官長の予言

そして、木村の影響もあってか、昭和初期には、太古天皇が全世界を統治していたことを記録した古文書と称するものさえ現れた。それが第5章でも触れた『竹内文書《たけうちもんじょ》』である。『竹内文書』は富山県出身の行者《ぎょうじゃ》・竹内巨麿《きよまろ》が自分の家に伝わった古文書と称したものであり、巨麿が茨城県で開いた新興宗教・天津教《あまつ》（現宗教法人皇祖皇太神宮《こうそこうたいじんぐう》）の教典である。

『竹内文書』は、８００億年以上前の天地創生から日本における人類の発祥、地球各地への植民、太古天皇による世界統治などを含んでいる。「青森県新郷《しんごう》村のキリストの墓」「青森県梵珠《ぼんじゅ》山の釈《しゃ》迦《か》の墓」「広島県庄原《しょうばら》市の世界最古のピラミッド」「石川県宝達《ほうだつ》山のモーゼの墓」など、いまでもたまにオカルト雑誌やテレビの怪奇現象系バラエティ番組を賑《にぎ》わせる話の出処としても有名だ。

その『竹内文書』には太古天皇やモーゼやキリストら預言者たちの言葉として、くりかえし次のような内容がでてくる。すなわち、股《また》に万国図がある神主が現れるとき、日本の天皇は太古の天皇がそうであったようにふたたび全世界を統治する。神主は世界の大統領としてその天皇の統治を補佐するというのである。

その股に万国図がある神主とは何者か。巨麿の股には大きな痣《あざ》があったが、巨麿はそれを万国図の形だと言い張っていた。

つまり『竹内文書』は、昭和天皇が世界を征服し、巨麿がその統治を助けるという未来を予言した文書だったというわけである（それが巨麿の偽作であることは言うまでもない）。天津教は華族や軍人の一部に熱烈なシンパを得ていた。

天津教の外郭団体の運営者に元海軍大佐・矢野祐太郎という人物がいた。矢野は天津教のほかにも複数の神道系教団や霊能者たちのところに出入りしていたが、やがては自分も神がかりするようになり、神政龍神会《しんせいりゅうじんかい》という教団を立ち上げた。

矢野は『竹内文書』をベースに、天地開闢《かいびゃく》・太古天皇の世界統治から国体明徴《こくたいめいちょう》・神政復古による未来の世界再統一までの宇宙史を『神霊正典』という書物にまとめあげた。一方、矢野は元東宮女官長の島津《しまづ》ハル（島津治子《はるこ》）を介して、昭和天皇に自らのメッセージを届けようと画策した。もっとも政府からすれば、皇室がらみで怪しげな話が流布《るふ》するのは好ましいことではない。1936年（昭和11）、巨麿や天津教の有力信者たちが特高《とっこう》警察に検挙され、不敬《ふけい》罪容疑で裁判にかけられている（天津教事件、1944年に裁判所の判断を超える信仰上の問題であるとして無罪判決）。

同年、島津ハルや矢野祐太郎も検挙される。島津ハルは矢野以外の霊能者から聞いた、昭和天皇の崩御と高松《たかまつ》宮即位の予言を吹聴していたため、その結末はより苛烈《かれつ》なものとなった。矢野は取り調べ中に獄死《ごくし》、島津ハルは松沢《まつざわ》病院（精神科）に入院手続きをとられ、その後は世間との接触を避けて隠棲《いんせい》するにいたった。

『竹内文書』や『神霊正典』の内容は荒唐無稽だが、それが当局の警戒を招く程度には影響力があったということ自体、当時の日本にも昭和天皇の世界征服を望む人々がいたことを示している。日本の政府・軍部に昭和2年の段階で天皇に世界征服計画を上奏できるほどの計画性はなく、むしろ統制の欠如《けつじょ》がむやみな戦線拡大を招いたことを知っている現代の日本人からすれば「田中上奏文」もやはり荒唐無稽なものである。

だが、1931年9月の柳条湖《りゅうじょうこ》事件（奉天《ほうてん》郊外での鉄道爆破事件を口実にした日本軍の出動）から1932年3月の満洲国建国宣言までの流れは、結果として中国やアメリカの多くの人々に

「田中上奏文」が真実であると信じ込ませてしまったのである。

日本の原爆開発を止めた？

昭和天皇と軍部の関係に関する伝説といえば、日本の原爆開発に関するものもある。戦時中、日本でも理化学研究所の仁科芳雄《にしなよしお》博士らが原爆開発の研究をしていたことは、いわゆる戦争秘話の一つとして知られている。

一説には、日本製原爆はすでに完成間近だったが、東条英機《とうじょうひでき》首相と杉山元《すぎやまはじめ》陸軍元帥《げんすい》が昭和天皇に原爆使用計画を報告したところ、「それでは、人類絶滅の悪の宗家に日本がなるではないか」と叱責《しっせき》されたという。こうして日本が世界初の核兵器使用国になるのは阻止《そし》されたというのだ。

この話は1990年代に、右翼で平和運動家でもあった河内正臣《こうちまさおみ》という人物によって語られ、2001年に五島勉《ごとうべん》の著書『日本・原爆開発の真実』で取り上げられることで一時は話題となった。

とはいえ、実際の研究史に当たってみると、第二次大戦下の日本は原爆製造に必要なウランも電力も調達できるあてはなく、日本製原爆など実現しようもなかったことがわかる。昭和天皇が原爆製造を中止させたというのは、昭和天皇の平和主義者としての面を強調するためのガセとみるべきだろう（原田実『トンデモ日本史の真相・人物伝承編』2011）。

昭和天皇の平和主義の原点

昭和天皇は大戦後、繰り返し伊勢神宮に参拝された。これはそれまでの皇室の歴史からすると異例のことである。

伊勢神宮内宮《ないくう》の祭神は皇祖神アマテラスだが、近代以前の天皇はその威霊を恐れたらしく、伊勢に参拝することを避けていた。記録上、前近代に伊勢神宮を親拝した天皇は持統のみで、それもただ1度だけである。それ以降で初めて伊勢神宮を親拝した明治天皇にしても、4度にとどまっているのである。

さて、明治から戦前にかけての日本では、陸軍特別大演習という大規模な行事があった。その行事は、大日本帝国憲法第11条で陸海軍の統帥《とうすい》者と定められた天皇が自ら統監するものであった。演習地は北海道から宮崎県・鹿児島県まで全国各地に及んでいるが、三重県（伊勢地方）は1923年（大正12）と1937年（昭和12）の2度計画されながら、それぞれ関東大震災と「支那事変」（当時の呼称）勃発《ぼっぱつ》のために中止となっている。

原武史氏は、初代宮内庁長官・田島道治《たじまみちじ》氏による『昭和天皇拝謁記』巻1（2021）で、昭和天皇から田島氏が聞いたという次の談話を引き、昭和天皇の伊勢信仰が平和主義と結びついていたことを論じている。

「三重県の大演習は幾度計画しても不可能となるのは、非科学的ではあるが不思議と思ふ。天照大御神は平和の神」（1950年7月10日）
「神道に副《そ》はぬ事をした為に神風は吹かず、敗戦の神罰を受けたので皇太神宮に対する崇敬《すうけい》の念を深くした」（1950年9月18日）

原氏は、これらの発言から、昭和天皇は戦時中に「平和の神」である伊勢神宮のアマテラスに戦勝を祈ったために敗戦という「神罰」がもたらされた、と反省したものとみなしている（原武史「歴史のダイヤグラム・「平和の神」としての天照大御神」『朝日新聞』2022年7月16日付）。戦後の昭和天皇の平和主義の原点が、敗戦という事実と神道の司祭としての自らの職掌《しょくしょう》との関係を問いただすことにあったというのは間違いないだろう。

19世紀における進化論の登場と遺伝学の発展は、劣悪《れつあく》な遺伝子を持つ者を根絶することが人類全体には有益だとする優生《ゆうせい》思想や、劣悪な人種が優秀な人種に滅ぼされるか支配管理されるのは当然という社会ダーウィニズムといった（現代から見れば）邪悪な思想を生み出した。日本は近代化とともにそうした悪しき思想を取り入れた。

昭和天皇の歩みが優生思想と関連する宮中某重大事件から始まり、昭和初期の天皇が社会ダーウィニズムと結びついたアジア諸国への侵略の旗印にされてしまったのは、まさに近代化の歪《ひずみ》の象徴だったといえよう。

戦後の日本史は、その歪をいかに正していくかという試行錯誤でもあった。その戦後日本の原点である日本国憲法は、「天皇」を日本国民統合の象徴と位置づけ、昭和天皇は戦後の復興期においてその役割を自らに任じられたのである。

外務省のＨＰによると、昭和天皇の大喪《たいそう》の礼においては１６４ヵ国及び欧州委員会、27の国際機関の要人が参列された。その場では参列者同士による活発な弔問《ちょうもん》外交も展開されていた。世界征服などという妄想《もうそう》とは無関係のところで、昭和天皇は世界を結ぶための最後の務めを果たされたのである。

天皇系図

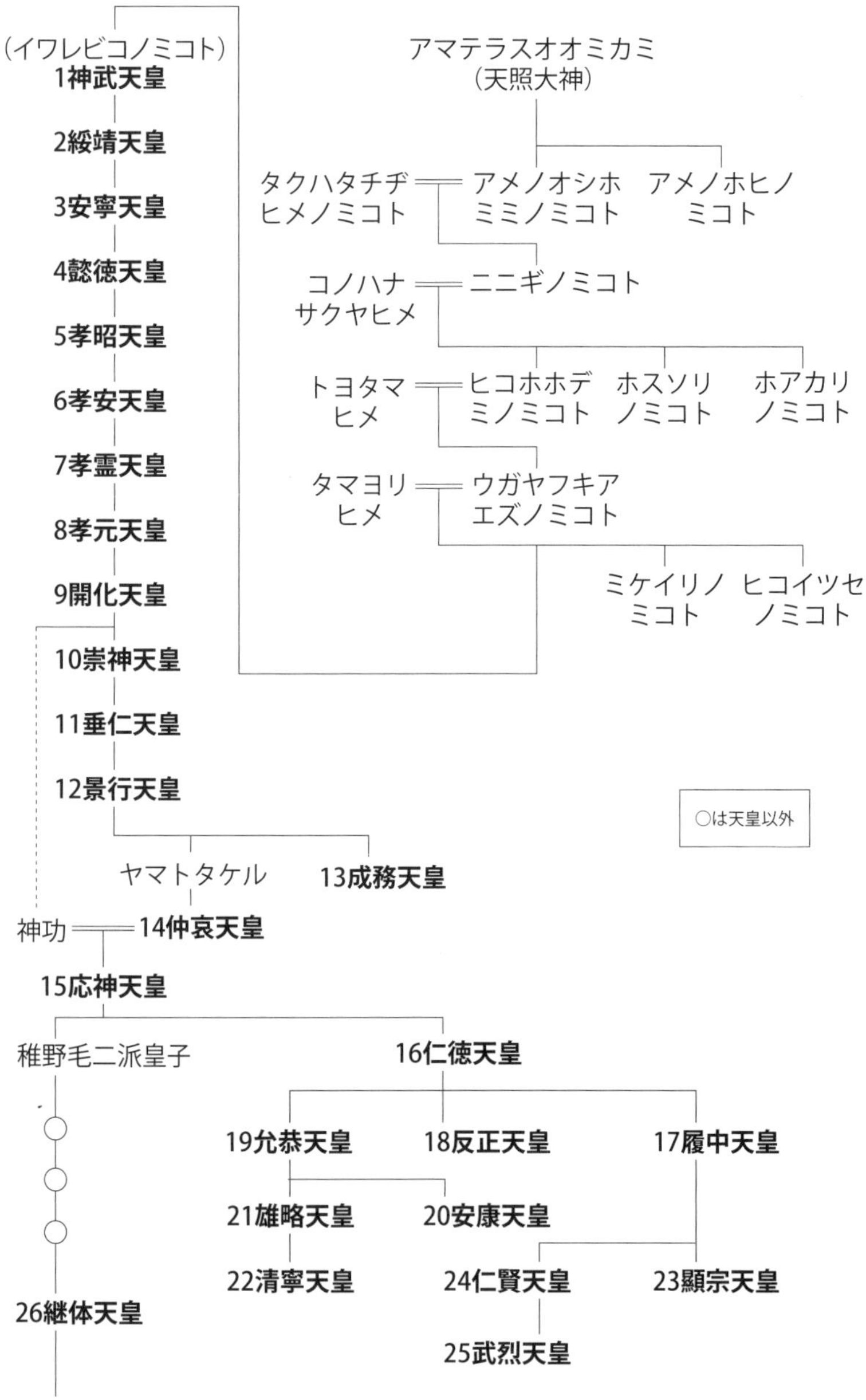

（イワレビコノミコト）
1神武天皇
2綏靖天皇
3安寧天皇
4懿徳天皇
5孝昭天皇
6孝安天皇
7孝霊天皇
8孝元天皇
9開化天皇
10崇神天皇
11垂仁天皇
12景行天皇
ヤマトタケル
13成務天皇
神功
14仲哀天皇
15応神天皇
稚野毛二派皇子
16仁徳天皇
19允恭天皇
18反正天皇
17履中天皇
21雄略天皇
20安康天皇
22清寧天皇
24仁賢天皇
23顕宗天皇
25武烈天皇
26継体天皇
アマテラスオオミカミ
（天照大神）
タクハタチヂヒメノミコト
アメノオシホミミノミコト
アメノホヒノミコト
コノハナサクヤヒメ
ニニギノミコト
トヨタマヒメ
ヒコホホデミノミコト
ホスソリノミコト
ホアカリノミコト
タマヨリヒメ
ウガヤフキアエズノミコト
ミケイリノミコト
ヒコイツセノミコト
○は天皇以外

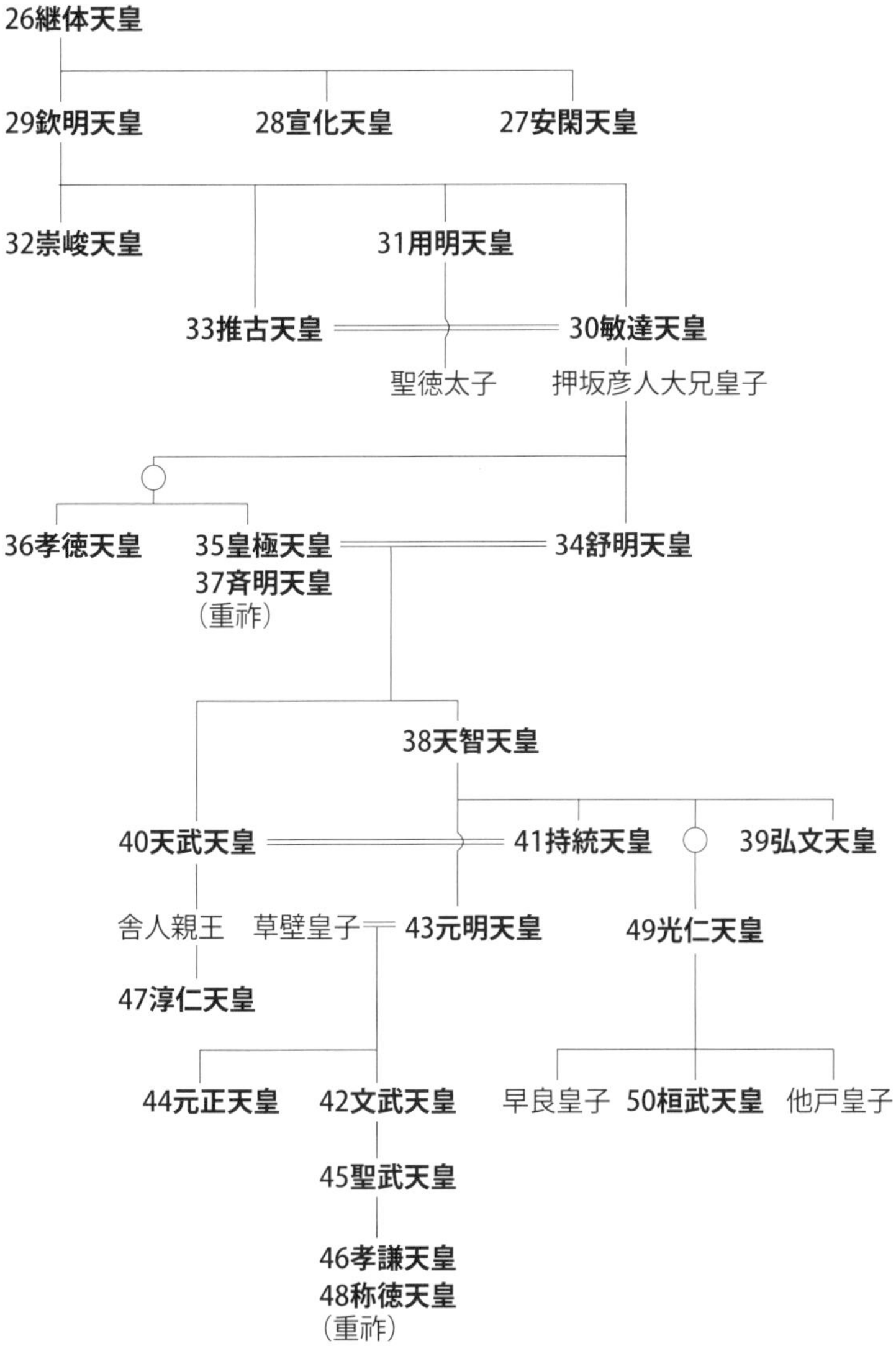
26継体天皇
29欽明天皇
28宣化天皇
27安閑天皇
32崇峻天皇
31用明天皇
33推古天皇
30敏達天皇
聖徳太子
押坂彦人大兄皇子
36孝徳天皇
35皇極天皇
37斉明天皇
（重祚）
34舒明天皇
38天智天皇
40天武天皇
41持統天皇
39弘文天皇
舎人親王
草壁皇子
43元明天皇
49光仁天皇
47淳仁天皇
44元正天皇
42文武天皇
早良皇子
50桓武天皇
他戸皇子
45聖武天皇
46孝謙天皇
48称徳天皇
（重祚）

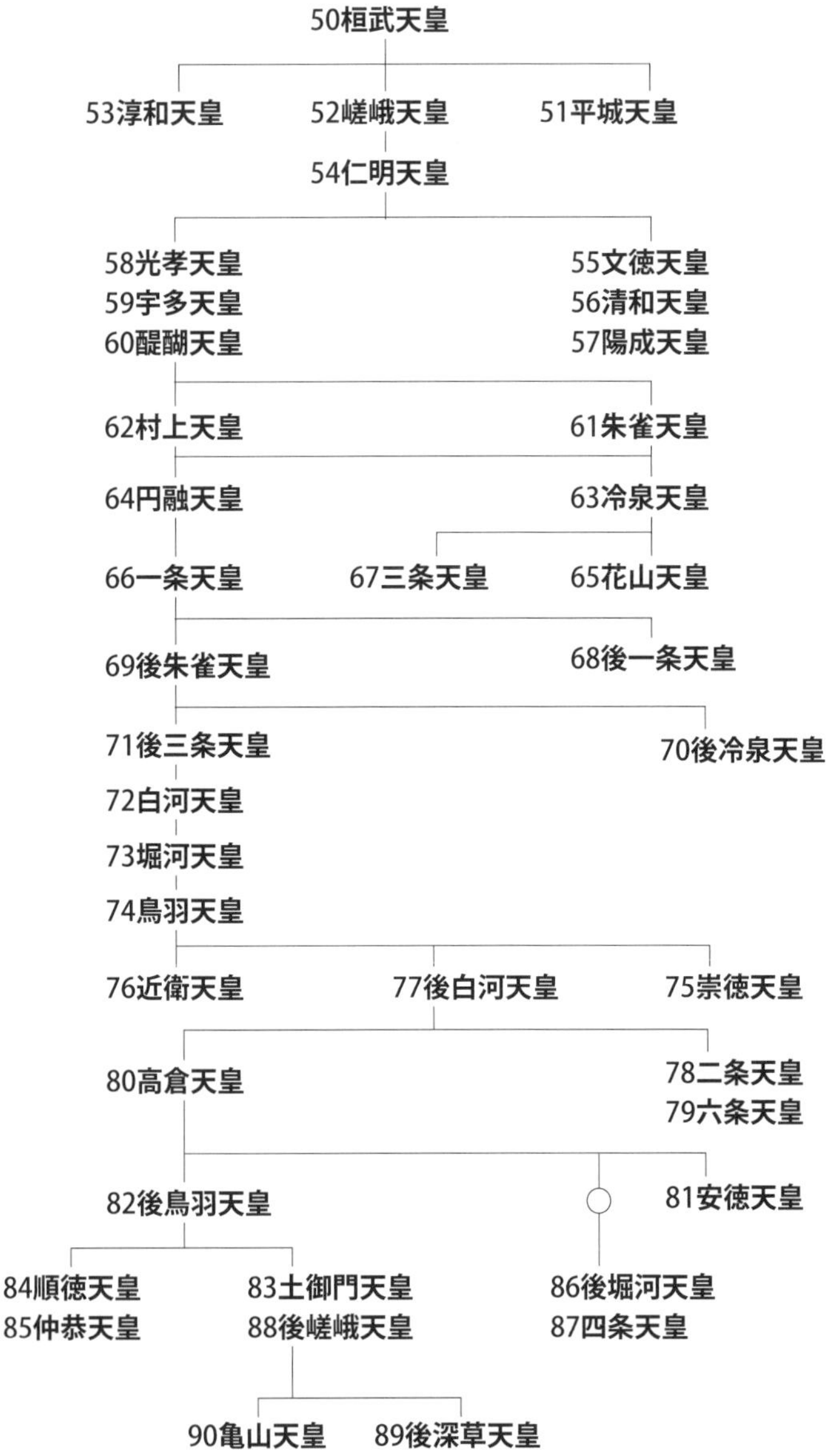
50桓武天皇
53淳和天皇
52嵯峨天皇
51平城天皇
54仁明天皇
58光孝天皇
59宇多天皇
60醍醐天皇
55文徳天皇
56清和天皇
57陽成天皇
62村上天皇
61朱雀天皇
64円融天皇
63冷泉天皇
66一条天皇
67三条天皇
65花山天皇
69後朱雀天皇
68後一条天皇
71後三条天皇
70後冷泉天皇
72白河天皇
73堀河天皇
74鳥羽天皇
76近衛天皇
77後白河天皇
75崇徳天皇
80高倉天皇
78二条天皇
79六条天皇
82後鳥羽天皇
81安徳天皇
84順徳天皇
85仲恭天皇
83土御門天皇
88後嵯峨天皇
86後堀河天皇
87四条天皇
90亀山天皇
89後深草天皇

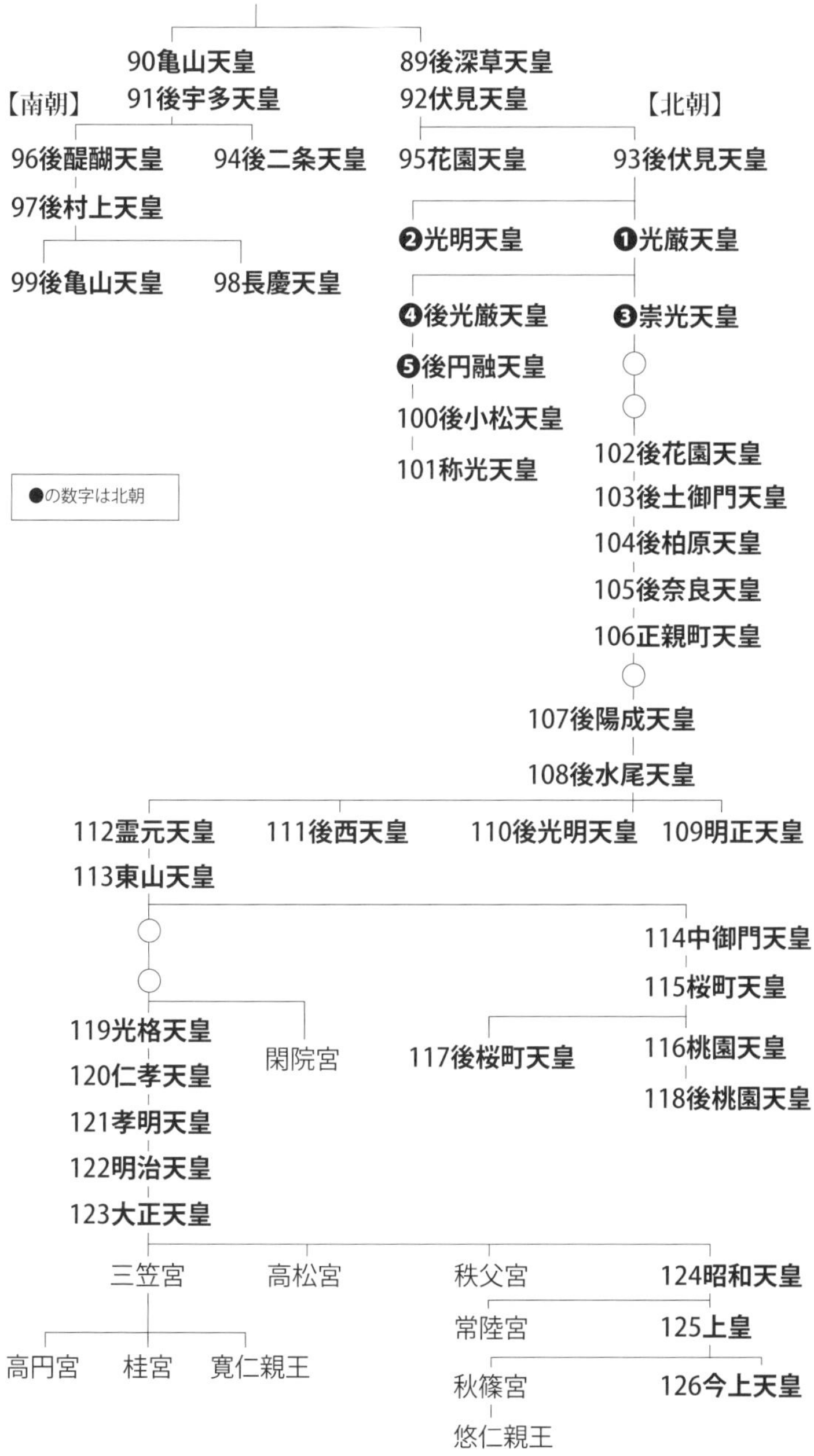
90亀山天皇
91後宇多天皇
【南朝】
96後醍醐天皇
94後二条天皇
97後村上天皇
99後亀山天皇
98長慶天皇
89後深草天皇
92伏見天皇
【北朝】
95花園天皇
93後伏見天皇
❷光明天皇
❶光厳天皇
❹後光厳天皇
❸崇光天皇
❺後円融天皇
100後小松天皇
101称光天皇
102後花園天皇
103後土御門天皇
104後柏原天皇
105後奈良天皇
106正親町天皇
●の数字は北朝
107後陽成天皇
108後水尾天皇
112霊元天皇
111後西天皇
110後光明天皇
109明正天皇
113東山天皇
114中御門天皇
115桜町天皇
119光格天皇
閑院宮
117後桜町天皇
116桃園天皇
120仁孝天皇
118後桃園天皇
121孝明天皇
122明治天皇
123大正天皇
三笠宮
高松宮
秩父宮
124昭和天皇
常陸宮
125上皇
高円宮
桂宮
寛仁親王
秋篠宮
126今上天皇
悠仁親王

著者略歴

一九六一年、広島県に生まれる。龍谷大学卒業。八幡書店、昭和薬科大学助手を経て、歴史研究家。と学会会員。ASIOS（超常現象の懐疑的調査のための会）会員。主要テーマは偽史・偽書。

著書には『偽書が揺るがせた日本史』（山川出版社）、『オカルト「超」入門』『江戸しぐさの正体——教育をむしばむ偽りの伝統』『江戸しぐさの終焉』（以上、星海社新書）、『オカルト化する日本の教育』（ちくま新書）、『つくられる古代史——重大な発見でも、なぜ新聞・テレビは報道しないのか』（新人物往来社）、『もののけの正体』（新潮新書）、『捏造の日本史』（KAWADE夢文庫）などがある。

異説《いせつ》・逸話《いつわ》の天皇列伝《てんのうれつでん》
——成務《せいむ》・仁徳《にんとく》から大正《たいしょう》・昭和《しょうわ》まで

二〇二三年四月一二日　第一刷発行

著者　原田《はらだ》　実《みのる》

発行者　古屋信吾

発行所　株式会社さくら舎　http://www.sakurasha.com
東京都千代田区富士見一-二-一一　〒一〇二-〇〇七一
電話　営業　〇三-五二一一-六五三三　FAX　〇三-五二一一-六四八一
編集　〇三-五二一一-六四八〇
振替　〇〇一九〇-八-四〇二〇六〇

装丁　石間　淳

印刷・製本　中央精版印刷株式会社

ISBN978-4-86581-381-4